U0963246

中原名师
出版工程

编委会名单

好教师要健康

您好家好国也好

郝义彬 主编

2019年郑州市学会服务能力提升专项活动重点活动资助项目（科普宣传）：
《精准营养》科普丛书
负责人：郝义彬

河南科学技术出版社
·郑州·

图书在版编目（CIP）数据

好教师要健康 / 郝义彬主编 . —郑州 : 河南科学技术出版社，2020.8
（中原名师出版工程）
ISBN 978-7-5725-0066-4

Ⅰ. ①好…　Ⅱ. ①郝…　Ⅲ. ①教师 – 保健　Ⅳ. ① G478.2

中国版本图书馆 CIP 数据核字（2020）第 128244 号

出版发行：河南科学技术出版社
　　　　　地址：郑州市郑东新区祥盛街 27 号　　邮编：450016
　　　　　电话：（0371）65788613　65788629
　　　　　网址：www.hnstp.cn
策划编辑：李喜婷
责任编辑：邓　为　郭亚婷
责任校对：吴贯一　陈花庆
封面设计：王莉娟
责任印制：张　巍
印　　刷：河南博雅彩印有限公司
经　　销：全国新华书店
开　　本：720 mm × 1 020 mm　1/16　　印张：12.5　　字数：200 千字
版　　次：2020 年 8 月第 1 版　　2020 年 8 月第 1 次印刷
定　　价：49.00 元

序 言

桃李不言，下自成蹊；默默耕耘，功不可没。德国哲学家雅斯贝尔斯曾说过："教育意味着一棵树摇动另一棵树，一朵云推动另一朵云，一个灵魂唤醒另一个灵魂。"鲁迅先生也说："教育是要立人。"作为孩子们人生成长道路上的指路人，教师强则少年强，教师康则少年康，教师拥有健康的身心是教育教学工作的基本保障和有力支撑，也是科教兴国和健康中国的一个重要内涵。随着新课程改革、各学段及各学科教材改革和教育模式改革等的全面开展，以及实际教学任务的目标责任和教育创新面临的压力挑战等因素，教师们在长期的讲台生涯上都不同程度地存在各种各样的身体疾患和心理问题。没有健康的体魄，难以负荷教书育人的重担，直接影响传授知识的质量与标准；没有健康的心理，不仅影响自身教书育人的道德与准则，更会直接影响到这些世界观、人生观、价值观未完全成形的学生涵养情操。因此，引导教师注重自身身心健康，学会爱惜自己的身体，及早发现问题，尽快就医诊治，既是保障教师身心健康，也是为教育教学工作贡献一份力量。

本书主要针对教师群体的工作特性，围绕教师常见病、慢性病及心理疾病等来进行医学科学知识普及，借助通俗易懂的图文语言让教师整体了解病因，认识疾病特点，学会有效应对，提升健康素养。在疾患发生初期或未发生时，就做好风险意识和生活及工作习惯的针对性调整，做到疾病预防和早期发现，尽量减小疾病发生率或减轻疾病严重率；在无法延缓疾病进程时，应及时就医、合理用药和科学应对，以此达到有效把握和处理自身常见身心疾患的目的。

本书共十六部分，主要包括教师常见的喉炎、咽炎、鼻炎、眼病、颈椎病、肩周炎、腰椎间盘突出症、下肢静脉曲张、头痛、脑卒中、失眠、慢性疲劳综合征、胃肠病、痔疮等慢性疾病的预防和保健事项，同时对教师存在的心理问题，也提供了一些心理疏解的有效方法。

该书作为献给教师节的健康书籍，主要适用于教师的自我身心保健，提高教师健康素养，也可作为公众医学知识科普书籍。

该书的编写得到了河南科学技术出版社、各参编单位领导和专家的大力支持，在此深表感谢！本书全体编者以高度认真负责的态度参与了工作，鉴于时间紧迫，编者的能力和水平有限，书中可能存在不少疏漏和不足之处，恳请专家和读者不吝指正，以便修订和完善。

郝义彬

2020 年 7 月

目 录

嗓音保健

咽喉疾病

鼻 炎

眼　病

颈椎病

肩周炎

腰椎间盘突出症

下肢静脉曲张

头　痛

脑卒中

失　眠

焦 虑

慢性疲劳综合征

胃肠病

痔　疮

运动疗法

嗓音保健

好教师要有好嗓子！会讲课的教师更深受学生的爱戴。一堂好课，一般都有逻辑清晰、重点突出、生动有趣等特点，如果老师声音悦耳动听，那就更完美了。如果讲课很好，却声音沙哑，效果也会大打折扣。所以，教师的嗓音保健尤其重要。教师用嗓子的时间很长，如果没有正确地用嗓子，很容易伤到嗓子，进而诱发一些喉部疾病。

嗓音问题

本节从教师如何进行科学的练声、平时如何进行合理的嗓音保健、认识高发嗓音病种、判断嗓音疾病的严重程度等几方面进行讲解，愿每一位好教师都有一副好嗓子。

一、检查一下自己的声音

下面这些方法，可以用来进行自我嗓音检查，看看自己的嗓音是否有问题。

（1）声时检查：在安静状态下，深吸气后发“i（衣）”音，持续发音至终止，计算发音时间。正常男性约 20 秒，女性约 16 秒。**声时短说明有声门漏气或声带质量加重等情况**，老人、中青年、儿童也各有差异。

（2）s/z 比值检查：发“s（思）”音到最长时间与发“z（资）”音最长时间，二者进行比较。发“s”音时为声带在不振动的情况下发出，而发“z”音，则声带振动，正常情况下，二者发音时间大致相似，或“z”音稍长于“s”音，**当声带病变时（小结、息肉等）时发出“z”音时间明显缩短，**s/z 比值可超过 1.4 ： 1。

二、学会几种简单科学练声的方法

如何科学地练声，这是教师容易忽视但却非常重要的问题，下面介绍几种科学练声的方法。

1. 练声需要正确的呼吸方法

在声乐训练过程中提到最多的是“腹式呼吸”和“胸式呼吸”这种说法，但很多人在实际应用过程中并不了解什么是腹式呼吸和胸式呼吸。

按引起呼吸运动的主要肌群不同，呼吸运动分为腹式呼吸、胸式呼吸及混合式呼吸三种。在平静呼吸时，由膈肌收缩而增加的胸腔容积约占总通气量的 4/5。

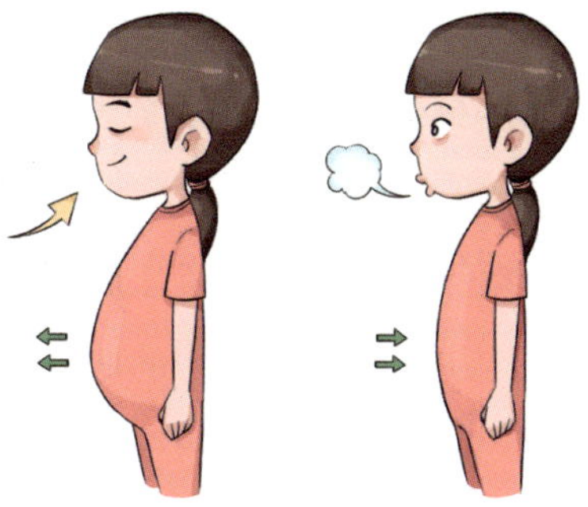

胸腹联合式呼吸

正常成人呼吸大多是胸式呼吸和腹式呼吸同时存在，称为胸腹联合式呼吸，一般在胸腹联合式呼吸过程中胸廓运动和腹肌的运动处于一种较为匀和的状态。

学会正确地应用呼吸方法对于普通教师能够起到节省气力、保护嗓音的作用；对于声乐教师而言，科学的呼吸方法能够使歌声美妙动听，把控高低音的转换及提升歌唱的耐力。

2. 如何进行发声休息

发声休息有两层含义：一是节制用声，二是禁止用声。通常所提到的“声休”是节制用声，指尽量少说，不可避免时则尽量在言语音域范围内用低声说话。

每个人的具体情况不一样，所以噤声所能进行的程度便也不相同了。

决定于发声休息的指征主要是喉部病变性质。出现急性炎症、声带黏膜下出血、水肿等时应当停止练唱与发声，噤声时间应根据具体病情做出判断。

慢性疾患，特别是有不可逆性病变存在，仅发声休息对正常功能状态恢复效果往往不大。精神源性发声障碍为主的疾病，则应当以发声矫正为主，否则经过休息，病变有可能暂时隐退，当再次歌唱时又会复发。

喉或咽部病变手术以后，发声休息亦不应过久，因为发声运动可防止术后渗出物和肉芽组织的堆积，对促进手术部位组织和功能的正常化十分不利。比如声带肥厚、小结、息肉，这些病程较长，短期难愈的疾病倘若长期噤声，将会使发声功能减退，使呼吸控制和声带收缩等一系列活动失调，再演唱时将会费力、不自如。从“动静结合”的原则来看，声门适当地活动，可以加速血液循环，增加流量，改善局部营养，对促进痊愈有帮助。因此对于这种情况，我们主张边治疗边练声，但要严格控制音域和发声运动。

根据上述发声休息原则，**注意防止两种极端倾向：一种是无视病变性质，一律绝对噤声到病变完全消失为止；另一种就是完全忽视发声休息的治疗意义，甚至认为愈哑愈唱才能“练回”嗓子。**实际上这两种意见都是错误的。前者，有可能使病变消失，但喉肌长期失用，变得消瘦，往往失去原有的歌唱控制和调节功能及各器官间的协调。后一种意见之所以错误，是因为急性病变只要短期发声休息，并积极配合治疗，很快就可恢复常态，但是由于错误地坚持照常使用，甚至加倍使用，病变不但不能如期痊愈，反而会转入慢性，甚至是不可逆性过程，难以治愈。

耳语

3. 耳语并不能让声带休息

耳语声就是所谓“窃窃私语”之声，是人们言语交往的一种发声方式。音低带沙，夹杂有呼气的气息音，噪声成分较多。

有人错误地认为使用耳语声，声带便可以休息，所以喉咙有病时改用耳语声说话，这种做法是错误的。耳语时声带并不振动，而是声门前部（膜间部）闭合，而靠后的声门软骨间部，形成一个等边三角形小裂隙。气流从缝隙中擦出，摩擦裂隙边缘产生一种杂音，这种杂音也可以称之为气息性噪音。耳语声属于噪声范畴，音量很小，而且传递不远。

耳语声一般分为两种。一种是轻耳语声，就是日常生活之中私语声；另一种是强耳语声，又叫舞台耳语声，这种耳语声气息气流较强，喉肌紧张用力，有一定响度和传远力。

耳语发声时，虽然声带不振动，但并不是放松休息，此时喉肌仍用一定力量闭合声门，尤其发强耳语声，喉肌用力也是强烈的。因此使用耳语声并不能保证声带休息，相反，长期使用耳语的人，喉肌没有得到相应的休息，却使声带发声功能状态改变了，影响以后声带正常振动发声，妨碍其功能。

三、教师的嗓音保健

1. 气泡音对于嗓音保健的作用

气泡音是练声方法的一种，是一种松弛的发音方式，即从喉部发出的一种均匀微弱、连续不断、犹如水泡样的声音。在发气泡音时，是用微弱而均匀的气流吹动微微靠拢的声带所产生的一种声音。其气流量小，声门下压低，被认为是一种正常的音区。

发气泡音方法：身体要保持正确的呼吸姿势，头要端正，二目平视前方，口腔及喉部肌肉、下颌口唇要放松，上唇及软腭上抬，舌根上举，用少量微弱而均匀的气息，平稳地开口发“a（啊）”音，轻缓并尽可能延长。此时气柱不能大，要做到气息量小，声门下压微微超过声带（声门）挡气的力量即可，发声时不可有憋气和喉部紧张的感觉，声音可以放大，但切不可追求音量而脱离了气泡音的色彩而发出纯元音“a（啊）”。要求每天都要坚持训练，练到随时张口就有的程度。如发不出气泡音，大多是因为舌骨与甲状软骨卡紧了不能松动造成，那就必须先用手指帮忙把舌甲间距离扩大来做练习，到发得出泡泡可数的大气泡音为止。

在吸气时发气泡音（有些人比呼气时更容易发），然后先呼气后吸气，交替地发气泡音，在此方式下念一些词语，如“开和关”“进和出”。建议在吸气时发“开”和“进”，呼气时发“关”和“出”，随着气流进出轻缓地发音。

在掌握发气泡音的技巧后，一定要每天尽可能多地练习。有病可以治病，无病可以起到预防与保健的功效。

2. 嗓音保健操

咽喉部不适、声嘶可通过综合性的治疗手段，特别是**选做专门的保健操，有助于咽喉部器官功能和嗓音的恢复**。这里介绍苏联专家兹·伊·阿尼克耶娃在临床研究基础上，编制的一套简易嗓音保健操，要求每日做2~3节，每节做3~5遍。具体方法如下：

（1）坐式，两脚并拢，上体前屈，胸部触及双膝，两臂自然下垂，用鼻轻轻吸气。上体伸直时，两臂上举，闭气 1~2 秒。呼气时，发出“pu”声。呼气发音过程中要有间断，并可间歇几秒钟，间断呼气后，需要再吸气，还原成预备姿势。

（2）直立，两脚并拢，两臂伸直置于体侧，腹部内收，紧握两拳（拇指内收），两侧屈肘，用力向体前平举，与肩同高，然后再两臂下垂，两拳松开。初次练习，1 次闭气可做举臂动作 10~15 次，经过 1 个月锻炼后，可达到 20 次，动作做完以后，两臂放松，还原置于体侧，缓慢地用鼻呼吸。

（3）直立，脚尖和脚踵并拢，两臂自然下垂，背部正直。用鼻吸气，做瞬间的闭气。把点燃的蜡烛移近嘴边，然后平稳而轻缓、持久地从嘴边呼气，使烛焰不晃动。

（4）直立，脚尖和脚踵并拢，两臂自然下垂，背部正直。目视地面 1.5 米处，有力地做 2~3 次深呼吸，再将头向后倾，双目看屋顶，上体和两臂保持正直。这节练习不超过 5 次。

（5）直立，两脚开立，与两肩同宽，两臂屈肘，用鼻吸气，肩胛骨后移，稍向上抬，背部稍拱起。双唇呈小圆筒状，用嘴呼气。屈臂向前后做绕环动作 3~5 次。两臂旋摆速度逐渐加快，并发出“hu、hu、hu”声，如同火车行驶中车轮的滚动声。

（6）直立，两脚分开站立，与肩同宽，两手在头上方翻掌，手指并拢。用鼻吸气，做短暂的闭气，然后张大嘴，舌根下压，心里默念“响”字，嘴唇闭合，颌骨不闭合。上体前屈时，呼气，并轻轻发出长声的“m”声。上体伸直时，两臂下垂，用食指按在鼻子上，继续发出“m”声，重复练习。

（7）直立，两脚分开站立，与肩同宽，两臂下垂。嘴鼻同时吸气，呼气时，做原地下蹲或做“鹅”步移动，并发出“m”声。

（8）直立，两脚分开站立，与肩同宽，两臂下垂。用嘴吸气，右手食指和拇指紧按着鼻侧。呼气时，手指快速移动和挪开，使鼻子发出“m”声。

（9）坐式，两脚分开与肩同宽，两掌轻按鼻子，上体前后摆动，从鼻中哼出“m”声，仿佛两手抱着婴儿摇着，唱出一支催眠的歌调。上体半屈站立，两脚分开与肩同宽，两手叉腰。上体前屈时吸气，抬起伸直时呼气，发出长声“m”

声，重复练习。

3. 减少硬起音

在现实生活当中引起声带水肿的病因很多，最常见的是高声喊叫、悲哭过度、滥用嗓音、用声过多、发声不当、硬起音发声。一般在这种情形下，由于声门下高压、强气流对声带黏膜的冲击作用，引起急性创伤性组织反应。病变多发生在单侧声带边缘，是可逆性组织反应，表现为声带边缘呈局限性半透明状隆起。临床上以中年女性居多。而使用嗓音较多的教师群体，用声时间过长、高声喊叫、经常硬起音、情绪波动时发音等均为诱发急性喉炎的职业因素。

硬起音是带有迸发力的发声形式。如果练习过多或掌握不好，会因发声用力过大、声音太响、喉咙紧和声带的互相冲撞，使声带黏膜产生损伤。气息起音是声带由松到紧，声音由气息声转为正常歌唱声，练习不得法或练得过多，会使声带的闭合养成先松后紧的习惯，声音会出现“漏气”“发虚”，音准差、音色不好，久而久之会因耗气量多，呼吸支持差，喉颈部肌肉紧张而造成发声运动不协调。

在嗓音误用的归类中，第一条就是“说话时硬起音”，即声带先闭合而后气流冲开声门使声带振动发声。这种说话方式起音急速，喉部器官极易疲劳。用动态喉镜发现，这样说的时间一长，即使原来正常的声带也会在前中段边缘处形成轻度充血和肿胀。在声带后部疾患（如接触溃疡）的患者中，经常会有硬起音的现象。硬起音是一种典型的发声功能过强：用嗓时声门下气压过强，气流过度冲击声带。

很多人硬起音相当普遍。为了减少硬起音的出现，在治疗中可以**用软起音的方式说话**。另外，要想矫正硬起音的错误练习，我们还需要进行以下几方面的努力。

（1）练习发“h”音，选择单音节单词，都是“h”音开头，熟练以后再练其他清音，即声带不振动，最后练习发元音。

（2）采用耳语发声法。选择几个单音节单词，都是元音开头，先是很轻地将起首元音发出，然后响度逐渐增大，直至单词念完。耳语时加入了软发声。

（3）打哈欠—叹气法对减少硬起音特别有效。

（4）吟唱法（在说话时加入连唱）也能减少硬起音，将它与打哈欠—叹气法或咀嚼法结合运用，效果不错。

（5）掌握了软起音后，再与硬起音相比较，就能明显感觉到后者更费力。

4. 嗓音保健饮食

经常用嗓子的人，特别是教师群体，在选择调配食品时尤应注意以下几点：

（1）节制刺激性食物。葱、蒜、辣椒、姜是食物中的四辣，均是刺激性食物。在嗓音保健中还是不宜多食，尽量忌吃。辣椒刺激咽喉部黏膜伤及声带，可使口干舌燥，声带充血，甚至出血。

（2）切忌骤冷骤热的饮食。过热的饮食会使咽喉声带黏膜肿胀，严重者充血以致出血；骤冷使咽喉黏膜、肌肉产生不正常的收缩，血管痉挛造成血液循环障碍，特别是静脉回流障碍，可损伤喉黏膜和肌肉，所以教师的饮食要以“温”为度，尤其讲课、演讲前1小时左右，不宜用冷饮。

（3）多吃豆制品。豆腐味道好，营养价值高，常吃可以增加植物蛋白，使气色好，它含豆固醇，可以使血液中的胆固醇游离出来，有利于排出体外，降低胆固醇含量。据中医文献记载，久服豆类有益润咽喉之功，可以补气，对气息不足的虚弱者更佳。

（4）蔬菜、水果中含大量维生素，鸡蛋、牛奶含大量蛋白质，应当经常选食，大量食用。油腻厚味的食物含大量脂肪，宜少吃。过敏体质的教师要慎用鱼、虾、蟹、蚌、羊肉、鸡蛋、牛奶等。

5. 日常锻炼与嗓音保健

通过锻炼可以增强教师体质，提高抗病能力，增大肺活量，为吸气、呼气和发音奠定良好的基础，提高发声技巧，使声音宽广而洪亮。

有些人长跑或打球过后感到口干舌燥，嗓子不舒服，那只是一种暂时的现象，是锻炼中由于出汗增多，呼吸加快，口腔内的水分大量丢失，负责舌下腺和腮腺的副交感神经受到控制，唾液分泌减少，而造成的正常反应。只要在**锻炼后用温水漱漱口，再少量多次地喝些淡盐开水，适当休息一会儿，**

就会很快好转。

科学的锻炼，有利于嗓音的发展和对外界的适应。当然，为了更好地保护嗓子，在锻炼中还应注意以下几点：

（1）冬天在室外长跑，应注意采用正确的呼吸方法。呼吸时，应该口鼻并用，半张开嘴，轻轻咬住牙，让冷空气从牙缝和舌边进入口内，变得温暖湿润一些，不要张大嘴巴呼吸，以免冷空气直接刺激咽喉和气管，使这些部位的黏膜发干、肿胀，从而引起咳嗽。

（2）在特别寒冷的天气或尘土飞扬空气污浊的环境里锻炼，易使呼吸道和声带受到刺激而充血水肿，故应当尽量避免。

（3）在剧烈运动后，必须经过一段时间的休息，待呼吸平稳后再讲课。

（4）感冒对嗓音影响极大，冬天锻炼后应赶快把汗擦干，穿上外套，避免在风口处休息，防止着凉感冒。

6. 常用的中草药代茶饮小处方

教师讲课时常出现口干、口渴、声音嘶哑等情况，如果检查未发现明显嗓音病，或者仅是慢性咽炎、慢性喉炎、声带小结等一些常见嗓音病，可以参考使用如下保健处方：

（1）日常保健方：芦根 10 克，青果 10 克，麦冬 10 克，一天一剂，代茶饮。

（2）声带小结方：焦山楂 30 克，荔枝核 10 克，诃子肉 10 克，一天一剂，多煮水，分次喝。

（3）慢性咽炎方：芦根 10 克，青果 10 克，麦冬 10 克，菊花 10 克，一天一剂，代茶饮。

（4）咽异感症方：芦根 10 克，青果 10 克，玫瑰花 10 克，白芍 10 克，一天一剂，代茶饮。

（5）声带水肿方：焦山楂 30 克，胖大海 10 克，白术 10 克，茯苓 10 克，一天一剂，煮水喝。

（6）声带白斑方：白花蛇舌草 10 克，灵芝 10 克，金银花 10 克，荔枝核 10 克，蝉蜕 5 克，焦山楂 30 克，一天一剂，煮水喝。

7. 科学睡眠对嗓音保健有好处

没有充足的睡眠，人就会头晕、记忆力减退、食欲不振、精神萎靡、注意力不集中、情绪波动、工作效率下降，甚至出现神经衰弱等疾病。连续讲课时，睡眠不足，嗓子就会不好使，发声不持久、不协调、无亮音。

充分的休息与睡眠会使人精力充沛，头脑清醒，声音洪亮而持久，还可增强机体的免疫力，提高健康水平。正常的睡眠大脑皮层处于抑制状态，呼吸平稳、心率减慢、血压降低、代谢减低、耗氧量减低，是机体储存能量、排泄废物的过程，是消除各种疲劳，包括声带疲劳的最好办法，对机体来说就像空气、食物和水一样重要。

（1）每天睡眠的时间要根据个人年龄、体质、习惯决定，教师每天保证7~8 小时睡眠为宜。

（2）生活要有规律、学会合理安排时间，偶尔睡不着时最好不要吃安眠药，争取通过作息习惯调节、心理调节来纠正。

（3）睡前不看带有趣味性的书，不吃刺激性的食物，少聊天，不要吸烟，不喝浓茶、咖啡。

（4）睡前避免空腹或过饱，因胃的蠕动会影响入睡，也影响睡眠质量。

（5）根据地球磁场对人体的影响，睡觉体位以南北方向为好。

（6）睡眠的卧室应整洁，空气应流通，温度应适宜，环境应舒适，利于睡眠。

四、认识教师常见、高发的嗓音病症

1. 声带小结

作为发声系统的主力，声带时刻准备着为人类的交流、语言、歌唱等各种活动而奉献，在高频振动时，声带游离缘前中 1/3 交界处碰撞摩擦机会更多，容易出现局限性黏膜肿胀结节样突出，这便是声带小结，就像用手干活摩擦过多、力度过大之后产生的水疮。声带小结在歌唱或戏曲演员、教师、售票员等职业群体中高发，女性声带振动的频率、音高决定了其容易患声带小结，儿童的哭闹、喊叫也是声带小结高发的原因。

声带小结早期主要的症状是声音嘶哑，早晨起床时表现不明显，随着说话、歌唱过多便会逐渐加重，甚至伴有咽喉部痰液黏着的感觉。早期的声带小结容易出现间断性的发声疲劳和间断性的声音嘶哑。

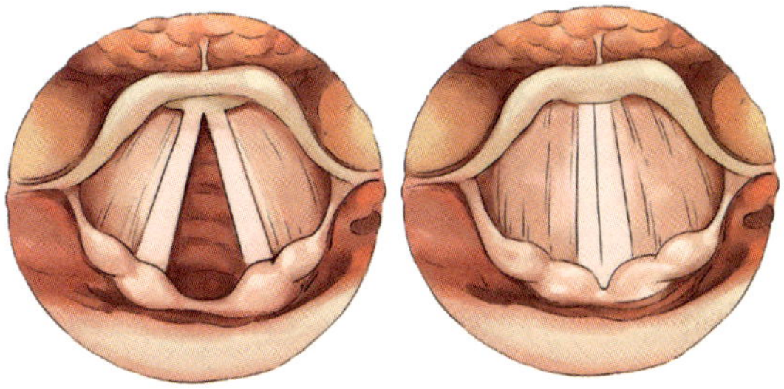
声带的开合

现代医学认为用声不当，如硬起音、过高过低发声、哭喊、尖叫等不良习惯，精神因素等是声带小结高发的原因。中医认为肝郁气滞、脾虚湿盛等脏腑变化或气血凝滞于声门等导致本病的发生，一些精神焦虑、情绪低落、性格抑郁、脾气暴躁的人更容易发病。患病后很多教师出现精神紧张，对于本病的恢复没有好处，**过度关注和过度懈怠都不利于声带小结的消除**。因此，改变不良用声、用嗓习惯的同时，保持良好的精神心理状态，学会正确的练声才是预防和治疗声带小结的关键。

2. 声带息肉

声带息肉发生的位置较为广泛，有的基底部广泛，有的局限，有的基底带蒂，有的不带蒂，但多与声带小结发生位置相同。发病机制并不是特别明确，常认为与用嗓过度、饮酒过度有关。

声带息肉的主要症状是持续性的声音嘶哑，由于息肉附着在声带上，声带的负荷明显增大，尤其发生在游离缘的息肉影响声门闭合，更容易出现声音嘶哑。在音域的改变上，常出现发音音高单调，音域减低，这种改变在声乐教师中表现得更为突出。声带息肉越大、位置越靠近中部及边缘、硬度越大则发音疲劳越明显，这种发声疲劳比声带小结更加明显，甚至会出现说话过程中逐渐或短暂失声的情况。频繁清嗓是声带息肉的一个明显症状，这一点容易被当作慢性咽炎来处理，咽部堵塞、异物感，还有一些患者有咽痛的表现，这些症状从外表来看确实也很难和慢性咽炎、咽异感症来区分清，在一定程度上容易出现误诊和贻误病情。

声带息肉较小时，可以通过中医中药辨证论治，以及中西药物雾化吸入、

穴位封闭等方法治疗，较大的声带息肉则需要手术切除。由于声带息肉通过手术去除后，对音域、音高、音色都有一定影响，故从事声乐教学的教师应当谨慎选择手术。

3. 声带黏膜下出血

正常人的声带呈现瓷白色，表面看不到血管条纹和血管点，只有当声带出现病变时才能从表面看到这些改变。当声带在高速运动时会出现血液完全停止，发声运动以后血管的扩张、血流的增加属于生理性充血，频繁过度用声容易出现声带血液循环障碍、毛细血管过度扩张或声带黏膜下出血。

猛力高声歌唱、大声喊叫、大怒暴哭、悲喜嘶喊等滥用嗓音，或者突然用力咳嗽、喷嚏等过程中声门紧闭、喉部紧张，导致声带处于超限性振动，此时声带黏膜下浅层或深层的毛细血管容易因为受到挤压而破裂，从而引起声带黏膜下出血。

临床多表现为声音猝然沙哑、声嘶、发声费力、说话疲劳，甚至失声，有的还会出现咽喉疼痛等情况。到门诊就诊，通过喉镜检查多可以看到一侧或两侧声带上有不规则的鲜红或紫红色斑片，好像是黏附在声带表面的血块，咳嗽清嗓后无法清除。

当出现声带黏膜下出血后必须严格噤声，以防止再度出血或出血未愈期间发生声带小结、声带息肉等并发症。一般小面积出血可以通过噤声自行消退，面积较大的出血可以配合云南白药胶囊、三七片等药物辅助治疗。多数在 1~2 周内可以恢复发声。一小部分患者可以演变为出血性息肉，需要及时处理。

不做无法企及的高声歌唱，加强发声基本功的训练，月经期、急性咽喉炎时减少用声或不用声，积极治疗出血倾向的全身疾病等都是防治声带黏膜下出血的要点。

4. 声带水肿

声带水肿是一种特殊类型的声带良性增生性病变，主要发生在声带黏膜下固有层浅层的高度水肿，一般容易发生在双侧声带。

长期用嗓不当、嗓音滥用，比如经常酒后在 KTV 高声嘶喊，罹患咽喉炎后歌唱、欢呼等诸多不良的用嗓习惯，都是引起声带水肿的诱因。用嗓不当容易刺激黏膜并引起肌张力紧张，声门上功能亢进，发生阻力增加，从而出现声带水肿。吸烟容易使喉部血流减慢、血小板容易聚集、声带更容易缺血缺氧，也可出现声带水肿。另外，反流性食管炎、慢性咽喉炎、慢性鼻炎（鼻窦炎）、甲状腺功能减退等疾病也容易出现声带水肿。

避免刺激性食物

急性声带水肿发病突然，多会出现突发的声音嘶哑、发声费力、咽痛咽部异物感甚至呼吸困难，如果不能及时救治容易发生危重情况，**临床中多可以通过雾化吸入、穴位封闭、喉科擒拿术等方法进行缓解**。慢性的声带水肿病程多较长，症状有的不典型，容易随着治疗不及时导致病情迁延不愈。戒烟、矫正嗓音滥用、避免不良刺激、抗炎、中医中药辨证论治等诸多防治的方法同时干预有利于声带水肿的恢复。

5. 声带麻痹

声带麻痹不能被称为疾病，它仅仅是一个喉部的症状，引起的原因很多，如甲状腺肿瘤术后影响喉返神经功能、肿瘤压迫喉返神经、病毒感染、糖尿病并发症等。

声带麻痹表现为严重的声音嘶哑、说话声音微弱。只有通过喉镜检查才能发现，若单侧声带麻痹时声带运动及呼吸多不受影响，若双侧声带麻痹发声正常但出现呼吸困难。由于诸多声带麻痹是肿瘤压迫引起，因此出现声带麻痹后应当首先寻找病因，针对病因选择治疗方案。但部分病例是无明显诱因而出现的特发性声带麻痹，则多需要通过中医中药辨证论治，并结合针灸按摩及专门针对发声障碍的嗓音矫治等多种方法综合治疗。

教师预防声带麻痹需要做到平时加强身体锻炼，慎避风寒，忌热食冷饮、酒后高歌、连续疲劳讲课，以免阻遏气血运行。

6. 声门闭合不良

声门良好的闭合是完成正常的发声的基础。当它们发生病变时，便出现声门闭合不良。

声门闭合不良会出现声嘶、嗓音疲劳、高声歌唱时漏气，更多见于声乐教师，特别是在演唱过程中容易出现嗓音疲劳，从而影响演出效果，对于普通教师往往不容易关注到。很多教师会把咽部喉部疼痛、有异物感等认为是慢性咽喉炎来治疗。加之月经期诸多教师也会出现生理性声门闭合不良，所以轻度的症状往往无法引起重视，但出现症状加重时则需要全面检查，排除是否为全身疾病所引起。

7. 声带白斑

声带白斑是发生于声带黏膜部位的病变，由于其具有一定恶变的倾向性，所以被认为是癌前病变，其实这种说法有失妥当，白斑仅仅是一个临床现象。声带白斑的病因比较复杂，长期吸烟、饮酒、吸入刺激性物质、胃食管反流、发声不当、病毒感染都可能与白斑的形成有关，其中吸烟、酗酒被证实与声带白斑有密切的相关性。

声带白斑没有特别有代表性的症状，部分患者是由于出现声音嘶哑就诊时而被检查出来的，更多患者并不是因为白斑出现的症状而来就诊，常常是因为急慢性咽炎、急慢性喉炎或扁桃体炎等来就诊时被无意间发现的。从事声乐的群体容易在正常的嗓音检查时注意到，教师多数对自己嗓音轻度的改变并不能产生足够的重视，因此所谓的早期出现的波动性声音嘶哑反而容易被忽视或者误诊。

对于声带白斑的治疗目前还没有共识，由于其发展非常缓慢，并且恶变概率不是很高，因此即便患病，也不要过度紧张，保持良好的作息与心态，戒烟限酒、减少不良刺激、密切观察随访对于声带白斑的防治有着良性的影响。

8. 室带肥厚

室带在发声时不振动发声，主要的生理功能是吞咽时的括约作用，辅助和加强声门关闭，在吞咽时负责收缩喉口，用以防止异物进入气管，从而起到保护作用，特殊情况下参与一定的假声发音。

室带病变常导致发音障碍，主要表现为声带闭合不良，室带代偿而发生振动发音，患者嗓音沉闷或沙哑，感到说话特别费力，常伴有喉异物感、干燥感等。

室带疾患的矫治需要注意以下几点：矫治发声方法，掌握正确呼吸用气方法，同时颈部、下巴、舌根部肌肉保持放松，这些现象基本可以消失；若各种方法均不能奏效时再行考虑手术治疗。

五、人体生理阶段与嗓音变化

1. 经前期、经期嗓音的变化

经前嗓音病是指在经期或经前一周左右，由于体内雌性激素分泌过多，使得嗜酸性粒细胞增多，喉黏膜变厚，继而出现喉黏膜紧张的感觉，表现为声音粗糙，声音易疲劳，声音不稳定，有破裂声，以及音色发声改变。

经前期嗓音变化多表现为自觉声音低沉，高音调节困难，音量小，发声歌唱费力，不易持久，声音粗糙，音色变暗，甚至有破裂音。早期声带检查未见有充血、水肿等变化，经前期 1~2 天除声音稍不正常外，声带仅见轻度充血、水肿等。

经期嗓音变化则多以音色改变为主，如闷暗、干涩，甚至声音沙哑，或声音比原来更亮，且以中音区为主。声带多呈不同程度的充血水肿、闭合不良、张力差及分泌物增多等，也有少数人喉部检查及声音均无变化，还有少数人反而感觉歌唱轻松舒畅，歌声也较洪亮，这是一种假象，可能是因为声带黏膜下生理性充血及边缘水肿，歌声较灵活，闭合较容易所致。这时如练声的欲望增强，增强练声反而是危险的。

凡经前期、经期嗓音障碍及全身症状不严重、声带无明显改变者，通过注意生活调节，一般可不需药物治疗。除常规保健外，尤其要调整自己的精神状态，避免精神紧张、刺激和过度劳累，适当休息，保持心情舒畅，饮食要富有营养，更要做好经期卫生。虽说在经期不必完全噤声，女性教师也应学会控制声的量与度，不可使嗓子过度疲劳，以免影响发声器官的协调，此期身体不适要积极调治，必要时可进行药物治疗。

2. 妊娠期嗓音变化

妊娠期嗓音病，是指妊娠期间出现声音障碍，如声音粗浊、嘶哑、音色改变、音高变低、音强变弱、音域变窄、声音疲劳等，说话声音高降低 2~3 度者居多，下降更低者少见，大多数在妊娠2~3个月开始出现，到中期逐渐加重，末期较显著，经产妇比初产妇明显，有时近分娩时声音完全嘶哑，一般在产后症状自然消退，这种情况为生理改变。也有分娩后不能恢复者，始终保持近乎男声的老妇嗓音，严重的妊娠喉痛为妊娠中毒症在喉部的表现。

妊娠期间常常见到孕妇突然声音不良、粗糙、嘶哑，甚至无声，呼吸困难，咽喉干痛；常常又伴有头晕、耳鸣、面颊潮红、手心灼热、皮肤干燥、腰腿酸软、足跟疼痛、心悸烦躁、大便干结等症状。通过检查发现咽部无充血，喉腔黏膜水肿充血，声带有轻度发红、微肿或肥厚，或明显水肿、松弛而柔软，呈灰色，黏膜表面被分泌物覆盖，或杓状软骨区有丝绒状物覆盖，黏膜显示干燥，多因血管扩张所致。

妊娠的生理变化是全身性的，上呼吸道也有血管运动性改变和分娩后生理变化，恢复正常，喉声也转正常。严重的妊娠喉病，见于妊娠中毒症，除声音改变外，尚有呼吸困难，严重时应做气管切开。妊娠期嗓音病为非感染性嗓音病，使用抗生素无效，但可用以防止继发感染。预防在于饮食调养，以补气血，养胞胎，忌用开音生发之药物。

妊娠后，在正常情况下6个月内仍可从事频繁教学活动，不但对嗓子无害，而且还会由于歌唱呼吸时腹壁肌肉收缩力增强而有助于分娩的。妊娠后期子宫迅速增大，腹部变化明显，横膈膜运动受限，肺活量变小，由于生理变化，全身韧带包括声带在内发生松弛，从而影响呼吸与发声，所以怀孕7个月后，为了孕妇健康与胎儿安全，应当相应减少每天用嗓工作。

3. 产后嗓音改变

我国自古以来对产褥期的保健就相当重视，而对于嗓音病也不例外，毕竟很多女教师都会经历这一时期。诸多女教师在孕产前嗓音非常美妙动听，但是在分娩后经常出现用不上劲、高音上不去的情况，而且演唱后喉部与全身感到疲劳等问题。

妊娠分娩导致消耗体力，产后调养不慎，体质衰弱，对发声器官均有不良影响，如音域变小、发声不持久、不能发高音，甚至声嘶等。同时，分娩后腹壁肌肉松弛，呼吸控制的功能减弱，如不经过逐步恢复呼吸控制与声带及咽部肌肉之间的平衡，加之诸多女教师在产后不久，就恢复正常教学，甚至强负荷量的用声，就很容易造成嗓音疾病。所以在产褥后期，应当通过锻炼恢复呼吸肌肉的能力，再逐步增加嗓音训练，妊娠分娩对用嗓较多的女性教师是个不利因素，分娩后需逐步恢复讲课等工作，使声带逐渐适应，达到正常负荷的情况，同时注意腹肌与呼吸控制功能的锻炼，以恢复声带及声道的正常状态。

妇女分娩后常常见到音声不扬，声音嘶哑或无声，咽喉干燥不适，并伴有面色㿠白、头眩目花、心悸怔忡、胸闷气短、神疲乏力等，或产后一直声音不自如，缺少控制，声音发白，缺少气息支持等。通过检查可以看到咽喉不充血或稍有充血，声带黏膜充血水肿，或肥厚，或见声带中段突起，或声带小结、息肉，或声带张力差，闭合不良，舌淡胖嫩，少苔。

妊娠分娩对于女性教师（尤其女性声乐教师）是个不利因素，**从事嗓音工作的女性分娩后需要逐步恢复讲课、演唱等工作，使声带逐渐适应，**达到正常负荷量，同时注意腹肌与呼吸控制功能的锻炼，以恢复声带及声道等的正常状态。教师在产褥期应当加强营养，充分休息，使体力恢复，同时还要注意锻炼身体，以恢复健美的体态和美妙动听的嗓音。

产后锻炼可以参考如下步骤进行：从产后第一周起就要开始床上运动，做一些消耗体力小的医疗体操。如上下肢的屈伸、内收和外展，屈肘挺胸，屈膝侧倒活动。同时进行深呼吸和轻微发声练习。这样可以使得情绪饱满愉快，食欲增加，缓解全身酸懒、困倦、乏力等疲劳现象，加速盆腔的组织器官复位，增强膈肌、腹肌、喉肌的张力，为发声器官功能恢复协调状态打下基础，还可以消除下肢浮肿，加速恶露排出，增加乳汁分泌。如此锻炼，待产假后循序渐进地练习朗读、演讲，就可以使嗓音恢复如初了。

4. 女性更年期嗓音变化的特点

更年期嗓音病以女声尤为明显，在女性来说是指从卵巢排卵功能开始衰退到最终消失的转变时期，祖国医学称为“经断”或“经绝”。更年期疾病以女性多见，就此以女教师的嗓音及全身变化来做讨论。其主要症状为声音男性化，音调变为低沉，音域变窄，音量减少，音色晦暗，发声不持久，容易疲劳，多用声容易出现颤抖，甚至嘶哑。通过检查可以发现声带水肿，张力差，声门闭合不良，声时缩短，皮肤粗糙，妇女可生胡须，舌质红、苔少。

更年期是成年到老年的一个过渡时期，女性主要指卵巢主要功能开始衰退到最后消失的转变时期，而男性则指睾丸功能开始减退到逐渐消退的转变过程，在这个转变时期，女性主要标志是月经的停止和生育功能的丧失，清脆华丽的嗓音逐渐消失，高音上不去，音色晦暗，甚至声音沙哑或丧失歌唱能力，由于内环境特别是内分泌发生一系列的变化，而出现生理心理上的变化，好发许多更年期疾病，如高血压、冠心病、胆石症、糖尿病和肿瘤等，使本来不稳定的内环境变得更加不易调整，这个从丧失平衡到再平衡的一个过渡阶段是人类生命过程的第二危险期，如果对此认识不足，常会导致身心障碍而更加加重嗓音障碍。

5. 步入老年的教师嗓音变化

成人到了50岁以后嗓音突然倒塌出现嘶哑、低沉、逢高不起、平槽、无力音、勉强唱时不搭调或塌底、失去控制力，不能正常发音，戏曲或歌唱演员演唱不能持久，甚至因嗓音功能减退不能演唱。这些便可以归为老年性嗓音病范畴。老年人嗓音特点主要表现为功能减弱性发声障碍，如音域变小，声音不洪亮饱满，声音可发抖，音强、音质和音时都有缺陷，喉部肌肉松弛无力，中气不足，不能正常发声等。

老年人嗓音改变的特征，包括发声力弱，表现为讲话声音低弱。声域变化表现为男性音调变高，讲话时呈高调失声。音质改变表现为发声颤抖及共振减弱等。

老年性嗓音变化的出现是机体衰老的一种表现，它是处于既非健康又非疾病的一种中间状态，所以一般嗓音病学与内科学方法治疗效果，均不够理想，但预后比较良好。

多吃豆腐

老年性嗓音变化的关键在于预防，且要早防，即“未病先防”，重新安排自己的体育锻炼和心理训练，调整好睡眠，饮食结构合理，注意摄取各种维生素和微量元素等。

咽喉疾病

一、了解急性喉炎

赵老师："医生，我讲课一个月了，近几天喉咙不舒服，今天突然失声了，是怎么回事呢？"

医师："你这可能是急性喉炎。"

赵老师："不是咽炎吗？什么是喉炎？"

咽炎与喉炎还是有差别的，喉是由咽衍化而来的，只存在于用肺呼吸的脊椎动物。喉居颈前正中，舌骨下方，上通喉咽，下接气管。喉不仅是呼吸道的重要组成部分，还具有发声、保护、吞咽等重要的生理功能。毕竟**咽和喉是两个部位，喉位于咽的下方，是发音器官，所以喉炎的表现一般以声音改变为主，而咽炎主要表现是咽痛和咽部不适感。**

好发人群

1. 什么原因导致了急性喉炎

诱发因素

在我们的日常工作中，导致急性喉炎的原因主要有以下几种：①用声过度或发音不当，这类原因导致喉炎的患者常见于教师、歌唱家、售货员等。②感冒或影响喉部的其他感染，如很多声音嘶哑的患者有近期上呼吸道感染病史。③喉外伤，如异物或器械损伤喉部黏膜。④吸入刺激性气体，如氯气、氨、二氧化硫等，遇到这些气体大家应该及时做好口鼻的防护。⑤喉咽反流，胃内容物反流直接刺激咽喉部黏膜引起损伤，导致咽喉炎。⑥其他，如过量饮酒、大量吸烟、疲劳等导致机体抵抗力下降会诱发急性喉炎，空气湿度突然变化、室内干热等也可为喉炎的诱因。

2. 急性喉炎的病理变化是什么

起初为喉黏膜急性弥漫性充血，有多形核白细胞及淋巴细胞浸润，组织内渗出液积聚形成水肿。炎症继续发展，渗出液可变成脓性分泌物或成假膜附着。上皮若有损伤或脱落也可形成溃疡。炎症若未及时控制，则有炎性细胞浸润，逐渐形成纤维变性。有时病变范围深入，可达喉内肌层，也可向气管蔓延。

3. 急性喉炎的体征有哪些

喉镜检查可见喉黏膜的表现随病情发展于不同时期而不同，其特点是双侧对称性、弥漫性。黏膜红肿常常最先出现在会厌及声带，而后逐渐发展至室带及声门下腔。早期声带表面呈淡红色，有充血的毛细血管，逐渐变成暗红色，边缘圆钝成梭形，当声门下黏膜明显水肿时，衬托于声带之下，使声带样呈双重样，发音时声门闭合不全，偶可见喉黏膜表面有散在浅表性小溃疡、黏膜下瘀斑。喉黏膜早期干燥，晚期有黏液及黏液脓性分泌物附着于声带表面时声嘶症状较重，而分泌物咳出后声嘶能够明显减轻。

4. 急性喉炎的症状是什么

声音嘶哑是急性喉炎最主要的症状，轻者声音变低、变粗，严重的可能完全失声；其次喉部会有各种不适感，如喉痛，发声时加重，还会有干燥、刺痛、烧灼感、异物感等；另外，喉部分泌物增多，咳嗽的次数也会增加，早期可为干咳，稍晚则会有黏液脓性分泌物，因为不易咳出附着于声带表面而声嘶加剧；急性喉炎有时也会有全身症状，成人一般较轻，儿童较重，可有畏寒、发热、食欲减退等。

大多数患者会在 2~3 周自行好转，所以不必太紧张。如果声嘶或失声持续 2 周以上而且未见好转，应到医院治疗。如果出现发热、咽喉疼痛程度剧烈，在 5~7 天内未见好转、呼吸困难、吞咽困难、无法转动颈部或张口困难，颈部或舌部肿胀，应立即就诊。

5. 怎样让喉炎消退

想要让喉炎消退，就要针对引起喉炎的原因进行治疗：①如果喉炎因用声过度引起，那就让声带休息，如果从事需要长期用嗓的工作（比如歌唱家、教师等），可通过发声训练来保护嗓音。②如果是相关感染引起的应尽早使用抗菌药物治疗。③由吸烟或饮酒造成的应当戒除烟酒。④由吸入某种刺激性化学品引起的，应尽量避免接触该化学品。⑤如果喉炎是由胃酸反流造成，则晚饭不应过饱，夜间不加餐，其次由医生指导积极治疗胃酸反流。

另外，医生也会根据你的病情给予不同的药物治疗，如雾化吸入治疗，严重的会给予静脉应用激素，以防止呼吸困难加重。同时，平时应注意进行适当体育锻炼，作息规律，睡眠充足，饮食清淡，避免过度用声，毕竟预防大于治疗。

二、了解咽炎

慢性咽炎为喉黏膜、黏膜下及淋巴组织的慢性炎症，常为呼吸道慢性炎症的一部分。多见于成年人，具有病程长、复发率高、症状顽固、较难治愈的特点。慢性咽炎是耳鼻咽喉头颈外科特别常见的门诊疾病，很多人长年累月被其困扰，坐在医师的面前痛说“革命”病史。既然慢性咽炎给大家带来那么大的困扰，就让我们进一步了解它。

慢性咽炎的分类

分类	病理表现
慢性单纯性咽炎	咽黏膜层慢性充血，黏膜下结缔组织及淋巴组织增生，黏液腺肥大，分泌亢进
慢性肥厚性咽炎	黏膜慢性充血肥厚，黏膜下有广泛的结缔组织及淋巴组织增生，形成咽后壁颗粒样隆起，有时甚至融合化脓。若咽侧索淋巴组织增生，则该处呈条索状增厚
萎缩性（干燥性）咽炎	病因不明，常由萎缩性鼻炎蔓延而来，临床不多见，病理常表现为咽部腺体及黏膜萎缩变薄
慢性变应性咽炎	又称过敏性咽炎，为发生于咽部黏膜的由 IgE 介导的Ⅱ型变态反应

虽然慢性咽炎分为四类，但是其临床表现却相似。全身表现不明显，主要以局部症状为主，表现为咽部不适感、异物感、灼热感、干燥感、刺激感，有些人还会有微痛感。由于咽后壁常有较黏稠的分泌物刺激，常常在晨起出现较频繁的咳嗽、干咳或仅有颗粒样、藕粉样分泌物。长期咳嗽可加重慢性咽炎。咽侧索肿胀的患者常伴有吞咽疼痛感。有时咽黏膜出血，可咳出血性分泌物。

1. 根据病史判断

（1）若经常有急性咽炎发病史，则更容易感染慢性咽炎。

（2）如果一次感冒之后，发现咽喉长时间持续不适，可能就是慢性咽炎。

（3）有反复感冒、扁桃体发炎症状，需要引起高度重视，感冒和扁桃体发炎可能只是表象，其实是慢性咽炎引起的。

咽炎

（4）有咽炎的症状，同时又有胃部不适的症状，可能是胃食管反流引起的。

2. 根据症状体征判断

（1）常有咽部灼热、隐痛、咽干、咽痒、异物感等不适症状，并且在熬夜、吃辣之后明显加重，基本可确定是慢性咽炎。

（2）有口臭、刺激性干咳、咽部黏性分泌物增加。

（3）咽部较为敏感，张口压舌易作呕。

（4）平时咽喉不适症状不明显，但受凉、感冒、疲劳、多言之后引起各种不适症状，且会持续多日难以消除，很可能是慢性咽炎早期症状。

（5）可以对着镜子张口喊“啊”，有条件的可以往口腔最后方打光，有的会看到咽后壁有少许分泌物附着，悬雍垂增粗，像蚯蚓一样下垂，有时候可以与舌根接触，有的会看到咽后壁有许多颗粒状隆起的淋巴滤泡，可散在分布也可以融合成块，还有的会看到咽黏膜干燥菲薄，色苍白发亮，咽后壁黏膜上有黏稠的黏液或有臭味的黄褐色痂皮。

因此，喉咙有了异物感，这可能是咽炎。但是**许多疾病的表现与慢性咽**

炎的表现相似。建议去正规医院就诊，建议行鼻、咽、喉、气管、食管、颈部甚至全身的检查，以免误诊或漏诊。

特别提醒

对照症状，怀疑自己得了咽炎，一定到正规医院检查诊断清楚，不要自己随便买药吃。毕竟临床上有些咽炎不是单纯的咽炎，而是其他疾病的伴发症状。如果不诊断清楚，就会贻误时机。

三、慢性咽炎长期不愈怎么办

常有人说“十人九咽”，慢性咽炎就像“披着羊皮的狼”，它到来的同时，可能也会带来其他的疾病。

人们形容位置重要时常常说，位于“咽喉部位”。咽喉部向上连接鼻咽，向下连接气管和食管，向前则连接口腔，暴露于空气中。就像是一个十字路口，四面八方的气体、液体、食物都要通过这里。咽喉就如同人体抵御疾病的第一道大门，这条“狭窄的要道”默默承受上上下下的冲击和压力，这就是爆发炎症重灾区的原因。

慢性咽炎是咽黏膜、黏膜下及淋巴组织的慢性炎症。长期感觉喉咙里有东西，嗓子难受，吐也吐不出来，咽也咽不下去。同时伴有喉部发胀、堵塞、瘙痒等症状，如鲠在喉，让人煎熬万分，有的患者辗转于多家医院，求助于多个专家，造成很大的心理困扰。有的慢性咽炎严重者可发展为睡眠呼吸暂停综合征，长期会导致免疫力下降。

临床中，慢性咽炎的症状与一些难治之症的症状相似，如心脏病、胸膜炎、类风湿关节炎、肺结核、咽喉肿瘤、食道肿瘤等，因此千万不可忽视咽炎的正确、有效诊治。

咽部不适

慢性咽炎长期不愈，是不是癌变了？的确，

舌癌、喉癌、下咽癌、食道癌早期可以只有咽喉异物感的表现，但癌症会有进行性加重的表现，而咽喉炎呈反复性；癌症发展到一定时期，会痰中带血，咽喉炎除非你极力咳嗽，偶尔有毛细血管破裂出血，一般不会；每种癌症进展会出现相应症状，比如舌癌会导致舌运动障碍，喉癌会有声嘶，下咽癌会出现进固体食物梗阻感。

根据相关调查统计显示，**慢性咽炎一般是不会发生癌变的，大家不要太过担心**。那么，慢性咽炎会遗传吗?

临床中常常听患者说“我老妈慢性咽炎很多年了，我就遗传于她”，还有人说“咽炎那么难受，真怕遗传给孩子”诸如此类的话。大家都不要担心，**咽炎是不会遗传的**。

四、出现这些症状要注意

慢性咽炎是咽黏膜、黏膜下及淋巴组织的慢性炎症，不能完全根治，会反复发作。

慢性咽炎的症状

症状	具体表现
疼痛感	偏一侧或某咽喉一部位痛
喉咙干	喉咙“干燥难耐”如“火烧”，主要是咽部黏膜及黏膜下组织变薄，黏液腺分泌减少，分泌物稠厚而导致的干燥的感觉
异物感	喉咙里分泌的黏稠分泌物难以清除，常感觉恶心，想呕吐，主要是炎症引起的淋巴滤泡增生，导致腺体分泌大量黏液，黏液刺激神经末梢导致这种感受
常咳嗽	经常咳嗽，咳不出，咽不下，主要是黏液刺激到咽部，人体产生的反射反应
喉咙痒	喉咙里仿佛有小虫子在攀爬，常“清嗓子”
声音嘶哑	嗓子不适，声音沙哑，不敢大声说话

如果你平时容易咳嗽、恶心、呕吐，可能你得了慢性咽炎，要及时诊治。

五、这些药，慢性咽炎患者吃了有效

慢性咽炎是由长期的非生物因素刺激所致，比如长期用嗓过度、经常进食辛辣刺激的食物、长期大量吸烟饮酒，不断地吸入有毒有害物质或者工业粉尘，**一般不需要使用抗生素治疗，因为慢性咽炎多数并非细菌感染。**想要消除致病因素，应该首先清除其他上呼吸道的疾病病灶。

（1）基础治疗：注意饮食调理，少吃或不吃辛辣食物，戒烟戒酒，注意口腔卫生，加强锻炼，增强体质，预防感冒。

（2）针对病因：积极治疗急性咽炎及鼻腔、鼻窦、扁桃体的慢性炎症，改善工作和生活环境，避免粉尘及有害气体的刺激。

（3）咽干、咽痛者可选用：银黄含片、含碘片、西瓜霜含片、草珊瑚含片、溶菌酶含片等。

（4）可选用各种中成药：中医认为咽炎系阴虚火旺，虚火上扰，以致咽喉失养，治宜滋阴降火，用清咽滴丸、金嗓利咽颗粒、万应胶囊、清咽利喉颗粒、一清胶囊、十味龙胆花颗粒等。

（5）干燥性咽炎可选用：维生素类药物治疗，如维生素 A、维生素 B_2、维生素 C、维生素 E 等促黏膜生长。

特别提醒

当然，对照分析自己的症状，只能怀疑得了咽炎。但不要自己看着广告买药吃，一定要到医院就诊后按照医生处方治疗。

六、如何有效远离慢性咽炎

慢性咽炎是咽黏膜、黏膜下及淋巴组织的弥漫性慢性炎症，常为上呼吸道慢性炎症的一部分，症状顽固，较难彻底治愈。**三分治疗，七分调理，治疗的关键在于纠正不良的生活习惯，提高自身抵抗力，治疗原发病，只要有**

战胜疾病的毅力和信心，就可以使慢性咽炎远离你！

1. 能够诱发慢性咽炎的因素

（1）急性咽炎反复发作，迁延不愈。此为主要原因。

（2）上呼吸道慢性炎症刺激导致。如鼻炎、鼻窦炎、鼻咽部炎症、鼻中隔偏曲等，可因炎性分泌物经后鼻孔流至咽后壁刺激黏膜；也可因此类疾病使患者经常张口呼吸而导致黏膜过度干燥而致。此外慢性扁桃体炎症可直接蔓延至咽后壁，从而引起慢性咽炎。

（3）大量烟酒、粉尘、有害气体的刺激，以及经常进食刺激性食物。

（4）职业因素，如歌唱家、教师等，另外体质因素也可引起慢性咽炎。

（5）全身因素，如贫血、消化不良、支气管哮喘、肝肾疾病等，尤其是慢性肥厚性咽炎。此外，内分泌紊乱、自主神经失调、维生素缺乏及免疫功能紊乱与慢性干燥性咽炎有关。

（6）过敏因素。吸入性过敏原，如花粉、尘螨、动物皮毛、药物、工作环境中的化学刺激物及食物过敏原可引起变应性咽炎。

（7）喉咽反流。

2. 远离慢性咽炎的注意事项

教师作为特殊的职业，注意下面这些情况，远离慢性咽炎！

（1）要学会科学发音。在讲课说话的时候要根据音的高低适度打开口腔，下腭和舌根放松，软腭自然抬起，使共鸣位置抬高，声音脱离开喉部而到达头上的共鸣腔。

（2）养成规律的作息习惯，戒烟酒，少吃刺激性食物，均衡饮食。

（3）要保持室内空气的湿润、流通、清洁。

（4）女性教师们，在自己的生理期是需要注意的，不要用嗓过度。

（5）如果本来就有慢性鼻炎、鼻窦炎等经常鼻塞的疾病，那要及时治疗，因为此类疾病可以引起咽炎，而张口呼吸粉尘也能加重这类疾病，引起恶性循环。

（6）在日常的饮食上也要特别的注意，尤其有咽喉返流，避免吃过饱或饭后立即休息，避免就寝前 3 小时进食，避免食用酒、浓茶、咖啡及碳酸饮料，避免油炸食物和酸性饮食，戒烟酒，少穿紧身衣服或紧束的腰带。

3. 慢性咽炎的治疗方法

如果得了慢性咽炎，我们可以根据情况采取相应的治疗方法。

慢性咽炎这么治

（1）慢性单纯性咽炎：可使用复方硼砂溶液、呋喃西林溶液等含漱液含漱，以保持口腔、口咽清洁；含服喉片：有碘喉片、薄荷喉片、西瓜霜含片、健民咽喉片、等可用；金嗓利咽丸、六神丸也有一定效果。

（2）慢性肥厚性咽炎：除上述方法处理外，还需对咽后壁隆起的淋巴滤泡进行治疗，有化学药物、冷冻、激光、射频消融等疗法，但处理范围不可过大过深，以防日后咽喉干燥。

（3）萎缩性或干燥性咽炎：一般处理同上，不可使用灼烧法，应使用2% 碘甘油局部涂抹咽部，超声雾化可改善干燥症状，口服维生素 A、维生素 B_2、维生素 C、维生素 E 可促进黏膜上皮生长。

（4）慢性变应性咽炎：避免接触过敏原，应用抗组胺药及肥大细胞稳定剂等，局部或全身应用糖皮质激素及免疫调节剂等。

（5）反流性咽喉炎：可以用抗酸药及抑酸药，根据病情也需要促进胃肠动力，以防止反流的发生。

总之，排除器质性疾病，养成良好的生活习惯，早预防、早发现、早治疗，消除致病因素，清除其他上呼吸道疾病病灶，对慢性咽炎有良好的作用。

鼻　炎

一、春天来了，我的鼻子惹了祸

春天，百花吐露芬芳，柳树摇摆着绿色的枝芽，柳絮在微风中跳跃。赏花闻香，看垂柳成荫，但是很多人的鼻子却突然有种“伤不起”的感觉，总是“鼻涕一把泪一把”，只能戴着口罩，东躲西藏，其实这都是鼻炎惹的祸。

鼻腔作为与外界直接相通，构成呼吸道的第一道屏障。鼻黏膜表面积约150平方厘米。鼻黏膜含有大量血管和腺体，不仅能产生分泌物，而且能合成和分泌免疫物质，构成鼻黏膜的免疫屏障；受丰富的感觉神经和自主神经末梢支配，鼻黏膜是整个机体黏膜免疫系统的主要部位之一。当鼻黏膜对某些刺激因子过度敏感，就会产生超出生理范围的过强反应，出现以发作性喷嚏、流涕和鼻塞为主要症状的鼻黏膜变态反应性炎症，称为变态反应性鼻炎（简称变应性鼻炎）。

鼻炎

以花粉过敏的患者为例，在花开的季节，在花粉播散期间，变应原刺激鼻黏膜感觉神经末梢后出现鼻痒；阵发性喷嚏，接连数个至十几个，多在晨起或夜晚发作或接触过敏原后即刻发作；鼻分泌亢进，产生大量的水样鼻涕；鼻塞，嗅觉减退，合并变应性结膜炎时可有眼痒和结膜充血，有时伴有外耳道、软腭和咽部发痒；严重者还会出现喉痒、胸闷、咳嗽、哮喘发作。持续数周，且症状反复发作，甚至逐渐加重。

如果上述症状不能缓解，就应及时到医院耳鼻咽喉头颈外科就诊，进行相关检查，如鼻内镜检查（了解鼻腔黏膜情况）及特异性检查（变应原皮肤点刺试验，血清特异性 IgE 测定）等明确诊断，及时治疗。

二、这些问题，是导致鼻炎的罪魁祸首

门诊接诊时大多数人会告诉医生，自己有“鼻炎”，非常痛苦。特别是在新冠肺炎疫情这个特殊时期，鼻炎患者随时都会成为“人群焦点”，鼻塞、打喷嚏、流鼻子，纸巾更是随身必备。说起鼻炎，这个毛病看着小，其中并没有那么简单。

让我们分析一下：到底哪些问题是导致鼻炎的罪魁祸首？

1. 病毒感染

很多人都会感冒，但是鼻炎却不是感冒就会得。我们的身边环绕着各种病毒，其中各种上呼吸道病毒都会引起鼻炎，最常见的是鼻病毒、腺病毒、冠状病毒、流感病毒等。当周围的空气环境不清新，可以通过飞沫直接吸入，或被污染的食物或物体通过鼻腔或咽部进入人体内而致病。因此，要保持空气流通，注意周围空气的新鲜度。

2. 疲劳、营养不均衡、维生素缺乏、长期大量烟酒

生活节奏越来越快，工作压力大，导致了人们长期处于疲劳的亚健康状态。由于快餐业的发达，人们对于均衡营养的忽略，维生素 A、维生素 C 缺乏，使人体的免疫功能和抵抗力下降，导致鼻黏膜血管舒缩功能发生障碍，或黏膜肥厚，腺体萎缩，诱发鼻炎。注意劳逸结合，健康生活，均衡饮食，多吃水果和蔬菜，禁烟酒，适当进行身体锻炼，增强机体抵抗力。

3. 生活及工作环境污染

如环境空气中含有较多粉尘，或化学物质及刺激性气体，长期持续高温环境下工作，都会损伤鼻黏膜纤毛的传输功能，引起鼻炎。因此，要避免长时间处于污染的环境中，积极改善工作、生活环境，加强防护。

4. 鼻腔的局部因素

鼻腔或鼻窦的慢性炎症，使鼻黏膜长期受脓性分泌物刺激而致病。鼻中隔偏曲、鼻息肉等阻碍鼻腔通气，使病原体容易局部残留，易反复发生炎症。长期不正确地使用血管收缩剂滴鼻，引起鼻黏膜舒缩功能障碍，血管扩张，黏膜肿胀。

以上的问题只能通过医疗技术改善，建议**及时就医，听取医生的建议。**

三、看看你属于哪一类鼻炎

鼻炎是一种鼻黏膜的炎症性疾病，表现为鼻塞、流涕、打喷嚏、鼻痒等鼻部症状，症状持续两天或以上，且每天持续时间超过1小时。由于其致病因素和发病机制错综复杂，症状也多种多样，因此了解鼻炎的分类，才能采用合理的方法进行治疗。

1. 变应性鼻炎

一般又常称为“过敏性鼻炎”，主要由免疫球蛋白E介导的以发作性喷嚏、大量水样鼻涕和鼻塞为主要症状的鼻黏膜变态反应性炎症。多数有鼻痒，有时伴有软腭、眼和咽部发痒。

测一测

下面我们做一个鼻炎问卷，来进行自我评测。

（1）您是否有以下症状？

A. 鼻痒　B. 打喷嚏　C. 流清水样鼻涕　D. 鼻塞　E. 头痛　F. 流脓涕　G. 嗅觉减退

（2）如果您具有（1）中至少2项症状，持续时间大概多久？

A. 每天持续0.5~1小时以上，每周4天以上

B. 不确定，持续7~10天

C. 遇到冷空气时才发作

做完测试，让我们简单分析一下：问题（1）中如果具有至少2项，且持续时间同问题（2）中的A选项，即高度怀疑是变应性鼻炎。下一步就是需要到医院就诊，进行专业的检查，如变应原皮肤点刺试验、变应原特异性IgE检测（血清和鼻分泌物）及鼻内镜检查（了解鼻黏膜形态学是否有炎性改变）。一旦检查结果为阳性，即可确诊为变应性鼻炎。

2. 非变应性鼻炎

非I型变态反应介导的鼻黏膜慢性炎症性疾病。它涵盖多种疾病，根据

致病因素不同可分为血管运动性鼻炎、嗜酸性粒细胞增多性非变应性鼻炎、药物性鼻炎、感染性鼻炎等。其变应原皮肤点刺试验和体外变应原特异性 IgE 检测阴性。

（1）血管运动性鼻炎：血管运动性鼻炎是非变应性鼻炎中最常见的类型，约占 61%~71%。又称血管舒缩性鼻炎，是非特异性刺激诱导的一种以神经递质介导为主的鼻黏膜神经源性炎症。以中青年女性居多。常年发病。物理（如温度、湿度、气压）、化学（如刺激性气体等环境因素）和精神心理因素（如情绪变化）等均可激发鼻部症状，出现鼻塞、流涕、喷嚏、鼻痒等。反复发作，鼻部症状交替存在。

（2）药物性鼻炎：药物性鼻炎为全身或局部使用药物引起的鼻黏膜持续性炎症，最常见的原因是长期滥用局部减充血剂。长期使用这类药物，药效越来越差，鼻塞症状越来越重，对药物产生依赖。为了使鼻腔通气，患者常常会自行增加滴药次数，形成恶性循环，我们称之为多用减效现象。药物性鼻炎表现为双侧持续性鼻塞，嗅觉减退，鼻涕增多，由清涕转为脓涕。可伴有头痛、头晕等症状。一般连续用药超过 10 天症状明显出现。

3. 急性鼻炎

急性鼻炎俗称“伤风”“感冒”。多发生在冬、秋季及季节交替时，幼儿多患病。早期多为鼻腔和鼻咽部出现鼻痒、刺激感、异物感或灼烧感，自觉鼻腔干燥，随后出现疲劳、头痛、畏寒等全身症状。继之鼻塞逐渐加重，夜间明显，打喷嚏、头痛。鼻涕由水样涕变为黏脓性鼻涕。说话时伴有鼻音。潜伏期 1~3 天，若无并发症，症状逐渐减轻乃至消失，病程约 7~10 天。

4. 慢性鼻炎

慢性鼻炎主要表现为鼻腔黏膜肿胀，出现间歇性或交替性鼻塞，鼻涕增多，脓涕且不易擤出，可向后经后鼻孔流到咽喉部，出现多“痰”及咳嗽，易引起慢性咽喉炎。如果下鼻甲后端肥大压迫咽鼓管咽口，可有耳鸣、听力减退。可伴有头痛、头昏、失眠及精神萎靡等。症状可持续 3 个月以上或反复发作，迁延不愈。

5. 萎缩性鼻炎

萎缩性鼻炎是一种缓慢发生的弥漫性、进行性鼻腔萎缩性病变。特别是鼻甲会出现萎缩，病变可发展至咽部、喉部，引起咽干、声嘶及刺激性干咳。感觉鼻腔过度通气，鼻塞及嗅觉减退，鼻腔内常结痂，有时带血，伴头痛，呼气有特殊臭味。

6. 干燥性鼻炎

干燥性鼻炎多有鼻腔干燥感，鼻涕少，黏稠不易排出，形成痂块或血痂，擤鼻、咳嗽易引起鼻出血，鼻腔刺痒感。

7. 职业性鼻炎

职业性鼻炎在特定工作环境中出现间断或持续鼻部症状，鼻塞、打喷嚏、流鼻涕、鼻痒或鼻腔分泌物增多，脱离工作环境则不会被激发。根据工作关系可分为两种类型，一种完全由特定工作环境引起，第二种是既往有鼻炎，在工作环境中症状加重。

可以根据自己的症状，看看你属于哪一类鼻炎。

四、鼻炎也有并发症

鼻炎也会有并发症吗？当然了，小小的鼻炎其实并不简单，可显著影响生活质量。如影响睡眠，导致工作效率下降；影响记忆力，给社会生活、娱乐带来诸多麻烦和不便。那么鼻炎会有哪些常见的并发症呢，让我们一起来具体了解一下。

1. 鼻窦炎

鼻腔与鼻窦黏膜是连续的，鼻腔黏膜急性炎症经窦口向鼻窦黏膜蔓延，肿胀或水肿的鼻黏膜堵塞鼻窦开口，引起鼻窦黏膜急性炎症，以筛窦炎和上颌窦炎多见。表现为鼻塞较鼻炎时加重，脓涕、面颊部、鼻根部疼痛不适、嗅觉减退等。

2. 鼻息肉

鼻息肉是鼻腔鼻窦黏膜的慢性炎症性疾病，是炎症黏膜上带蒂或广基的高度水肿的炎性组织。有报道显示变应性鼻炎、哮喘患者的发病率远高于普通人群。

3. 鼻前庭炎

鼻前庭炎少见，感染向前直接蔓延，表现为鼻腔前部灼热感或干痛、结痂多等。

4. 中耳炎

（1）急性中耳炎：感染经咽鼓管向中耳扩散。儿童较成人多见，因为儿童咽鼓管宽、短、直，表现为耳痛、耳部堵塞感、听力下降、耳鸣、耳流脓等。

（2）分泌性中耳炎：鼻腔分泌脓性分泌物堵塞咽鼓管咽口；或下鼻甲后端肥大，压迫咽鼓管咽口；或不正当地擤鼻，炎症通过咽鼓管咽口感染；出现耳闷、耳鸣、听力下降，可随着鼻部症状的变化有波动性。

5. 鼻咽炎

鼻咽炎是由于鼻腔的分泌物向后直接蔓延至鼻咽部，引起鼻咽部的炎症。

6. 咽炎、喉炎、气管炎及支气管炎

咽炎、喉炎、气管炎及支气管炎增多是感染经鼻咽部向下扩散引起。鼻腔分泌物向后经后鼻孔流到咽喉部，引起咽喉部不适，多“痰”或咳嗽。儿童、老人及抵抗力低下，还可并发肺炎。表现为咽部疼痛，异物感或灼热感，吞咽不适，声音嘶哑、咳嗽、咳痰和胸痛等。

7. 支气管哮喘

有研究表明，变应性鼻炎合并哮喘者占46.6%。由于鼻黏膜和呼吸道其他部位的黏膜不仅在解剖组织上连属，且同属于免疫系统的黏膜相关淋巴组织，属于“同一气道，同一种疾病”。可与变应性鼻炎同时发病，但多在鼻炎之后。可仅表现为胸闷、咳嗽。

8. 鼻前庭炎

感染向前直接蔓延，表现为鼻腔前部灼热感或干痛、结痂多等。

9. 结膜炎、泪囊炎

经鼻泪管扩散，引起眼部并发症。

（1）急性结膜炎：表现为结膜红肿、溢泪、眼部灼热不适等。

（2）过敏性结膜炎：过敏是全身的免疫反应，过敏原作用于鼻黏膜或结膜，两者可以同时并发。过敏性结膜炎主要表现为眼睛充血、发红、发痒、眼部有大量的透明黏稠拉丝的分泌物。

10. 睡眠呼吸紊乱综合征

发病期间由于鼻塞严重，睡眠时长期张口呼吸，导致睡眠期间呼吸道每分通气量明显减少，睡眠质量下降，从而影响白天正常的工作和生活。

因此，为了避免鼻炎的并发症，我们应该**做好预防工作，做好早期治疗，最大程度控制鼻炎的发病。**

五、对于教师，鼻炎的危害并不少

由于工作的特殊性，鼻炎也是教师们高发的疾病之一。

1. 粉尘环境

工作环境中长期吸入粉尘损伤鼻黏膜纤毛功能，导致鼻腔黏膜的正常生理功能受到损害。粉尘也是导致过敏性鼻炎的常见变应原之一，可以引起鼻腔黏膜水肿，出现鼻痒、鼻塞、嗅觉减退等不适症状。

2. 高强度的工作状态

教师面临着工作和生活等诸多方面的压力，需要长时间、高强度的工作，存在过度疲劳、营养不均衡等情况，使机体的免疫能力和抵抗力下降，导致鼻黏膜血管舒缩功能发生障碍，或黏膜肥厚，腺体萎缩，诱发鼻炎。

3. 鼻炎治疗不彻底

早期出现鼻部症状后，大多数教师因为各种原因未予重视，未能及时就诊或未规律用药，自行购买药物或自觉症状改善后擅自停药，都会导致鼻炎迁延不愈，反复发作，甚至引起并发症。

4. 密闭和空调环境

教师长期处于封闭的室内工作环境，空气的不流通和空调使用率的增加，均会滋生各种霉菌病毒的产生，经呼吸道或被污染的物体通过鼻腔或咽部进入人体内而致病。

六、鼻炎预防最重要

鼻炎的发病率高，很多人常常会有鼻塞、流涕、鼻痒、头痛等症状，影响正常的工作和生活质量，也是医药行业花费最多的常见疾病。因此，如何正确地预防鼻炎就显得尤为重要。鼻炎卫生保健有以下几种方法：

（1）预防上呼吸道感染。如**室外温度过低，外出时可戴围巾及口罩。**

（2）合理安排作息时间，不熬夜，保证充足的睡眠，加强身体锻炼，提高机体抵抗力。

（3）注意**保持空气流通和周围环境的湿润，可以种植绿植。**对于需要处于污染的工作环境时，改善工作环境，减少工作时间，做好防护。

（4）保持良好的心态。如出现鼻部不适，应及时休息，积极寻找缓解、治疗的方法。

（5）良好的生活习惯。多饮热水，合理均衡饮食，补充维生素 A、C，避免油炸或辛辣刺激性的食物，避免抽烟、饮酒等不良生活方式。

（6）**对于过敏性鼻炎患者，需对过敏环境进行控制，减少对过敏物质的接触。**定期打扫房间卫生，清洁被褥和空调等生活用品；对于花粉过敏者，花开季节时减少外出和佩戴口罩；尽量不饲养宠物。

（7）定期进行健康检查及鼻部疾病检查，对有鼻炎做到早发现、早治疗。

七、鼻炎一般要怎么治疗

鼻炎难缠又难治，消除致病因素是关键，多以药物治疗为主，主要是对症治疗及预防并发症。当药物及其他治疗无效并伴有明显的持续性鼻阻塞症状者，严重影响生活质量或合并慢性鼻窦炎、鼻息肉等疾病时，可考虑手术治疗。

（1）对症治疗。减轻发热、头痛等全身症状，可用阿司匹林或清热解毒的中药冲剂。

（2）糖皮质激素鼻喷剂。局部鼻腔可应用糖皮质激素鼻喷剂，具有抗炎、抗水肿的作用，对鼻黏膜局部作用强，按推荐剂量使用可将全身不良反应降至最低。

（3）减充血剂。鼻塞明显时可适当应用麻黄碱、羟甲唑啉等减充血剂，注意用药不宜超过10天。长时间使用可发生药物诱导性鼻炎，致使鼻塞更加严重。

（4）抗组胺药。对治疗鼻痒、喷嚏和鼻分泌物增多有效，但对缓解鼻塞作用较弱。

（5）免疫治疗（病因治疗）。变应原特异性免疫治疗常用皮下注射和舌下含服。疗程分为剂量累加阶段和剂量维持阶段，总疗程不少于2年。主要用于常规药物治疗无效的成人和儿童（5岁以下）、由尘螨导致的变应性鼻炎。

（6）鼻腔生理盐水冲洗。每天冲洗鼻腔，清洁鼻腔，改善鼻黏膜纤毛功能。

（7）抗生素治疗。炎症较重并伴有较多分泌物倒流，可考虑应用小剂量抗生素治疗。

（8）中药治疗。部分中药对缓解症状有效。

（9）手术治疗。鼻内镜窥镜手术，可提高手术的安全性和准确性。矫正鼻腔畸形，如鼻中隔偏曲、结构性鼻炎等。合并鼻窦炎、鼻息肉等，清除病变组织，开放鼻窦，通畅引流。

（10）对于变应性鼻炎，应尽量避免接触过敏原，花粉症患者在花粉播散季节尽量减少外出。对真菌、室内尘螨过敏者应室内通风、保持干爽等。对动物皮屑、羽毛过敏者应避免接触动物、禽鸟等。

（11）多饮热水，清淡饮食，注意休息。

（12）积极治疗全身疾病；加强身体锻炼，提高机体免疫力。

（13）培养良好的心理卫生健康，避免过度劳累。

需要注意的是**由于存在个体差异性，要视疾病具体表现对症用药。建议及时至医院就诊，由专业医师制定合理、有效的个体化治疗方案。**

八、这些方法，对改善鼻炎症状有帮助

下面这些方法可以帮助我们守好鼻子这道防线，帮助我们改善鼻炎症状，自由呼吸。

1. 鼻腔冲洗法

鼻腔冲洗法是通过一定压力的水流将鼻腔分泌物清洗出去的一种治疗方法。每天冲洗鼻腔，清洁鼻腔，减少有害物质刺激，刺激鼻腔黏液纤毛清除系统的活性，改善鼻腔局部微环境和鼻通气功能。**推荐使用生理盐水或1%~2%高渗盐水。**

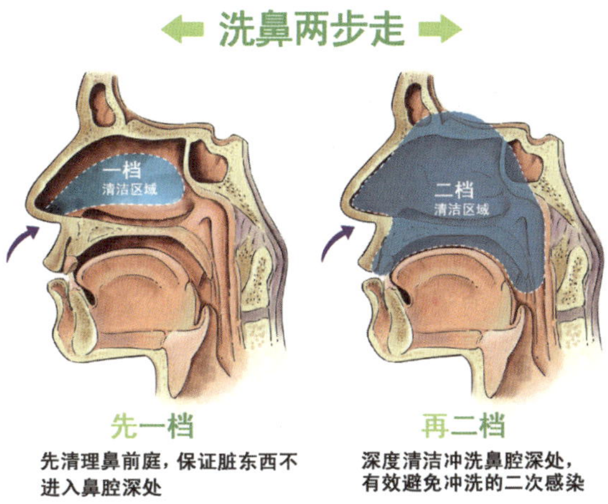

鼻腔冲洗法

正常情况下，每天清洗一次即可。如果碰到沙尘或者工作环境有污染的时候，可以回到室内加洗一次。选择0.9%的生理盐水或按比例自行配置后用清洗瓶来清洗。在清洗的时候，可以头稍微向前倾，用清洗器的鼻塞端塞到我们的鼻腔里封闭，然后张开嘴缓慢呼吸，手捏瓶底让水从一个鼻孔进，从另一个鼻孔和口腔流出就可以了。每次清洗的总用水量根据自身需求自主调节，约在250~500毫升之间，双侧鼻孔都需进行清洗。

清洗时需要注意：①冲洗时不要说话，不要用力擤鼻，不要做吞咽动作，以免冲洗液流进咽鼓管引起中耳炎。②不要用鼻子吸气，以免发生误吸和呛咳。③要控制水温，最好的温度是在32到34摄氏度，人体感觉最舒适。④冲洗后不要用力擤鼻，避免挖鼻，以免导致鼻腔出血。

2. 按摩鼻部的穴位

用两中指按摩迎香穴、鼻通穴与印堂穴。按摩时需要注意不要用力过度，缓缓按摩，每次按摩大概维持 5 分钟，可以有效缓解鼻炎的痛苦。此外，还可以通过搓鼻梁的方式自己治疗鼻炎，大拇指与食指以适当力度搓揉鼻梁，能够帮助鼻部血液循环，对于鼻炎的治疗很有帮助。

3. 鼻腔等离子消融治疗术

利用低温等离子射频技术，以较低的温度（40~70 摄氏度）对病变组织进行消融的治疗方法。可以使鼻甲缩小，治疗慢性肥厚性鼻炎、严重的慢性单纯性鼻炎等。

4. 鼻腔物理治疗

鼻腔物理治疗有透热疗法、红外线疗法等，其基本上没有不良反应，患者无痛苦，是一种非损伤性的生理学治疗方法。通过物理因子的作用，可以使局部组织充血、加热、消炎、解痉等，治疗鼻部炎症。

5. 合理饮食

多饮热水，清淡饮食。多吃一些容易消化的食物，注意补充维生素，比如新鲜的水果、蔬菜，避免食用辛辣、油腻或者刺激性严重的食物。

6. 加强锻炼

合理地安排作息时间，避免过度劳累，保证充足的睡眠，加强身体锻炼，提高机体免疫力。

7. 改变不良的生活习惯

改变不良的生活习惯，避免经常性的挖鼻、拔鼻毛，戒烟酒，特别是在发病期间，以免病情反复，影响恢复。规律作息，避免过度劳累，适当加强身体锻炼，增强机体抵抗力。保持室内空气流通，定期打扫卫生，及时更换、暴晒床单和被罩，防止尘螨等诱发鼻炎。有过敏性鼻炎的患者，不建议饲养宠物。预防上呼吸道感染，避免长时间处于污染的环境内。在温差变化比较大的季节，比如说冬春交接或者秋冬交接的时候，注意保暖，可以佩戴口罩和围巾。特别在流感季节，尽量少去人口密集的地方，做好自身防护。偏方不能轻易相信。民间对鼻炎的治疗有很多偏方，但大都没有得到科学的确认，不可轻信。

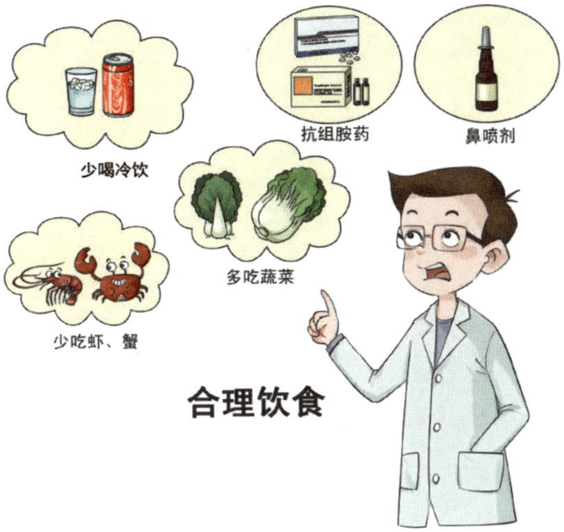

鼻炎预防

九、得了鼻炎，心态也很重要

生活中大多数人都有因为鼻塞、流鼻涕、鼻痒、打喷嚏等不适症状而就诊的经历，一旦诊断为“鼻炎”，绝大多数患者都会问医生：“鼻炎是不是不能根治？”因此而产生恐惧、焦虑、沮丧的情绪。鼻炎的发作也与人的心态情绪有关。

首先，要对鼻炎的病因、治疗有正确的认识和了解。**摈弃“去根儿”“根治”等不科学的思维模式，学习相关的医学常识。**

其次，鼻炎的致病因素和发病机制错综复杂，症状也多种多样。需要及时就诊，由专业的医生进行诊断，对鼻炎分型，制定合理治疗方案。

人们要努力保持一种乐观积极向上的精神心理状态，这不仅可以预防疾病的侵袭，在治疗中也起着重要的作用，有利于病情的恢复。当鼻炎发作时，患者应尽早就医，进行及时有效的治疗。

眼　病

一、天天备课，眼睛也有了小毛病

伏案灯下，夜以继日地工作，一直都是老师的常态，即使是在备课文书电子化的当下，长时间的阅读及近距离工作仍不可避免给老师们带来一些困扰：轻者表现为眼胀、干涩、发红、眼眶周围隐痛，或鼻根、前额胀痛、视物模糊，重者可出现眼球胀痛、失眠、记忆力减退等症状。

备课的日子，注定需要长期近距离地用眼，在这个过程中，一系列的“小毛病”蜂拥而至。

1. 严重的视疲劳

首先，当我们观看近距离事物时，人眼的屈光系统首先会将眼睛的焦点调节到近处。如果长期处于这样的状态下，对于老师们来说，会引发调节的过度和痉挛。或许老师们遇到过这样的情况，长时间地低头备课，然后眺望远方时，会发现远处的事物是模糊的，因为此时屈光系统依然处于紧张的工作中，并没有立即放松下来，由此会导致远视力暂时性的下降，这就是调节的过度。长此以往，可以引起视觉疲劳，眼睛干涩、疼痛、异物感、流泪，严重者还可以引起视力下降，眼部健康将受到影响。

视疲劳

其次，当我们的眼睛作用于近距离的事物时，眼外肌将眼睛集合起来，使两个眼睛的视线能相交在近处。因此，长时间的近距离用眼，眼外肌就会处于疲劳状态，眼睛便会酸痛肿胀，最终造成严重的视疲劳，十分不利于眼睛健康。

2. 提前到来的老视

当眼睛看远或看近时，都靠睫状肌调节，近距离盯着物品看且时间过长时，将使睫状肌持续收缩紧绷，当近距离用眼成为生活常态，尤其对于老师这一类特殊人群来说，常常出现睫状肌提早退化，亮起“老视”红灯。越来越多的研究发现老视眼患者有年轻化趋势，平均每十人，就有一人不到四十岁就已提前老视。

3.“干涸”的眼睛

提到老师，常常想到的就是“废寝忘食”这一类的词汇，当老师们沉浸在备课中，眼睛也会因此而忘记工作——眨眼，尤其是在电子化的当下。在没有外界刺激的情况下，人们在不知不觉中便会完成眨眼。**眨眼实际上是一种保护性动作，**它能释放眼泪，使泪水均匀地分布在角膜和结膜上，以保持角膜和结膜的湿润，并形成光滑的眼表，眨眼动作还可使视网膜和眼肌得到暂时休息。据统计，正常人平均每分钟要眨眼十几次，通常2~6秒就要眨眼一次，每次眨眼要用0.2~0.4秒钟时间。当我们集中精力盯着某一处时，眨眼次数会减少，眼泪的分泌随之也会变少，但却依然保持着匀速的蒸发状态。当眼泪的补给量小于蒸发量时，就意味着眼睛水分缺失严重，眼睛“干涸”了，如此可引起角膜表皮的损伤和脱落，导致眼睛畏光、有明显的异物感及充血红肿，甚至视力下降。

二、原来这就是老视

老视，即我们通常所说的**老视，这并不是一种眼病，而是一种与年龄相关的生理现象，既不属于眼病也不属于屈光不正，是人们进入中老年后必然出现的一个问题。**一般来说，人过40岁以后眼睛的部分功能下降就会开始老视，而大部分人群在50岁左右会出现老视症状，但是由于教师需要长时间批改作业、制作课件等进行一些看近处的工作，这一职业的特殊性，使得部分教师更早地进入老视状态，当你有看近不清、看书易串行、字迹成双、昏暗的环境下看近不清，或者看近时间长时眼酸、眼胀痛、头晕这些症状时，你可能已经老视了。

很多人误认为近视的人等老了就不会老视，其实不然，**近视眼同样会老视。**教师由于需要长时间近距离用眼，则更要注意这一问题，对老视有一个正确的认识。近视和老视不能完全抵消，因为它们从本质上根本不同，近视是由于屈光不正导致，而老视是晶状体退化和失去弹性，不可一并而论。但在日常生活中，刚开始老视的轻度近视患者会觉得摘掉眼镜看近更清楚，其实这就是老视的体现，摘掉的近视眼镜刚好抵消了老视的度数，但这种效果只会持续很短一段时间，随着年龄的增长老视度数会逐渐升高，这时就需要戴上一副老视镜才能舒适地看近。而近视度数较高的人，从开始进入老视阶段就需要准备两副眼镜：一副近视镜，一副老视镜，看不同的距离戴不同的眼镜。若想要方便则可以选择配一副渐进多焦点眼镜或者双光眼镜，可以同时满足看远看近的需求。

老视者的不适程度因人而异。出现老视之后容易出现眼酸、眼胀、眼干涩、眼皮抽搐、畏光流泪、头痛恶心、烦躁等一系列视疲劳症状。教师由于看近需求量较大，所以更应该注意科学佩戴老视镜和一些用眼的小细节来缓解视疲劳的现象。

（1）**教师老视后尽量早点佩戴老视镜，**不能将就着“拿远一点看”这样看近处物体，这很容易造成视疲劳，影响教师看近舒适度。而且由于工作的需要，长时间地看近处批改作业、制作课件等近距离工作更是无法完成。并且长时间这样“将就”也容易引起眼干等眼部疾病。

（2）**老视镜需要私人订制，**配镜不能贪图方便或者便宜，不验光不检查直接买老视镜。佩戴老视镜前要到医院做眼睛的全面检查，包括远视力、近视力和眼底的检查，要排除一些眼部疾病之后，才能验光确定度数。街边摊的老视镜往往双眼的度数相同，而且瞳距固定，价格相对便宜。但绝大多数中老年人都存在近视、远视或散光等屈光不正性的情况，而且双眼老视程度也不一定相同，所以老视镜的度数也不一样，如果随便配副眼镜，不但达不到最好的效果，反而更容易出现头晕恶心等现象。

（3）**老视镜不能一戴到底。**随着年龄增加，老视眼的程度也会加深，由于教师看近需求较大，要时刻关注自己看近处时的感受，有不舒服的情况及时重新验光检查更换花镜，否则会给工作生活带来诸多不便。老视镜使用时间长后，镜片会出现划痕、磨损等现象，造成镜片透光率下降，影响镜片的成像质量，降低阅读舒适感，也需定期检查。

（4）部分近视的教师在老视之后需要戴两副眼镜，一副看远一副看近，但是这对平时的教课也是一个挑战，教师不仅要看书看黑板，也要看学生在课堂上的听课状态，来回更换眼镜非常不方便，这时教师可以选择配一副渐进多焦点眼镜或者双光眼镜，可以一副眼镜解决看远看近的问题。

（5）日常生活中会有部分老人拿放大镜看近处物体，这是完全不可取的。教师作为看近处需求较大的人群，更不能用放大镜代替老视镜，放大镜放大倍率较高，长时间这样“纵容”眼睛轻松地看近，容易使眼睛功能产生懈怠，如果再配老视镜时就很难找到合适的度数了。

（6）教师在必须看近处理工作的时候，可以适当把字调大，就算戴上花镜也切忌过长时间看过小的文字，看近 40 分钟后远眺休息 5 分钟，避免眼睛过度劳累。同时一定要保持光线充足，在昏暗的环境下批改作业等近距离视物时，更容易出现眼痛、头晕、视力下降等不适症状。

（7）在工作之余，教师可以增加体育运动，比如打乒乓球、羽毛球等，这时双眼紧紧盯着穿梭往来、忽远忽近的球，眼球不断运转，眼睛不断调节，可缓解一些老视带来的视疲劳症状。工作较繁忙没有时间运动或者不喜欢运动的教师们可以做一些眼睛方面的训练。比如眼睛体操，看远看近法：先看远方 3 分钟，再看手掌 1~2 分钟，然后再看远方。这样远近交换几次，也可以有效消除眼睛疲劳。

关于老视的知识相信教师们已经有一定了解了，老视不可怕，它只是年龄到了眼睛会出现的一种生理状态，只要到规范的眼科和验配机构由专门的大夫和验光师检查验光，找到合适的度数，并且生活中注意科学用眼就可以了。

三、我的眼睛这么干，原来是得了眼干燥症

眼干燥症，是由于泪液的量、质或流体动力学异常，引起泪膜不稳定和（或）眼表损伤，从而导致眼部出现不适症状及视功能障碍的一类疾病。眼干燥症已成为除屈光不正外最常见的眼科疾病。目前全球眼干燥症发病率为 5%~35%，我国眼干燥症发病率为 20%~30%。门诊眼干燥症患者已占全部眼

科患者的 30% 以上。

1. 眼干燥症的症状

出现眼睛干、涩、痒、异物感，有时候觉得疲劳，看东西不能够持久，或者看一会就觉得很累，有时会对光、烟雾，特别敏感，甚至流眼泪，这都有可能是眼干燥症的早期表现。严重的眼干燥症患者会有很明显的畏光、流泪等刺激症状，还可能引起视力的下降，如果持续发展下去的话，会造成长期的视力损伤，如果是器质性的干眼，可能导致失明。睑板腺功能障碍（MGD）是导致眼干燥症最主要的原因，也是最常见眼干燥症的成因， 在眼干燥症患者中占 60%~70%。

2. 眼干燥症的治疗

眼干燥症的传统治疗方式主要是药物治疗，点用人工泪液、各类抗生素、糖皮质激素等。现在各医院眼科开设特色眼干燥症治疗室，将眼部药物熏蒸、睑板腺按摩等治疗方法应用于眼干燥症患者，在坚持传统的眼干燥症治疗方式外，探索了全新的眼干燥症治疗理念模式，形成了全面的治疗方式：

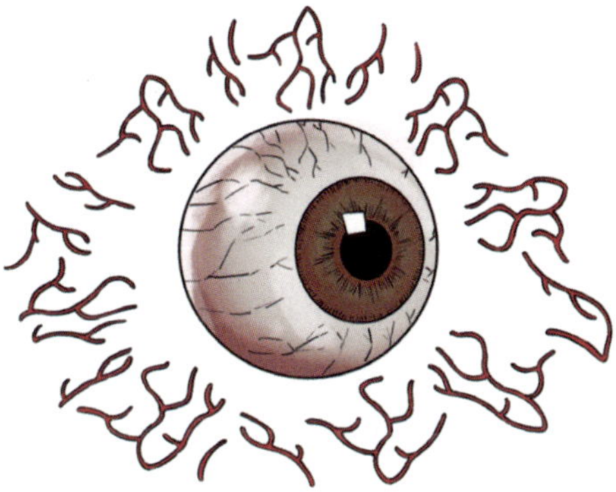

眼干燥症

（1）中药外敷。

（2）中药颗粒口服。

（3）药物治疗。点用不含防腐剂的人工泪液眼药水。

（4）超声雾化干眼仪治疗。通过专业雾化护理液的雾化对眼表进行熏蒸，促进药物吸收，通过氧疗，促进受损组织细胞修复，它能增加眼部湿润程度，防止泪液蒸发。

（5）睑板腺按摩。实施睑板腺按摩后，能有效改善睑板腺功能，解决绝大多数眼干燥症患者油脂分泌不足问题，解除睑板腺管道阻塞，防止腺泡萎缩。

（6）戴绷带镜。对于各种眼表疾病并发眼干燥症的患者采用绷带镜和自血联合疗法也取得了很好的效果。

（7）手术治疗。对于眼干燥症重度患者可以行手术治疗，针对中重度眼干燥症患者，采用泪道栓塞治疗术，在显微镜下利用泪道栓子阻塞泪道，增强自身泪液和人工泪液在眼表的储留，从而改善泪液质量，缓解症状，可以减少或完全停止人工泪液的使用。

3. 预防眼干燥症

任何疾病应以预防为主，建议预防应采取调整用眼习惯，**注意间断性的闭眼休息，有意识多眨一下眼睛。**

（1）用眼 40 分钟左右可以无限远望缓解眼部疲劳。

（2）办公室人群，要保持办公室环境的湿润，将电视或电脑放置在低于眼水平视线的位置，且看电视或使用计算机时间不宜过长。

（3）办公桌、电脑显示器放在不受阳光直接照射的地方。

（4）避免空调的风直接吹到眼睛里面。

（5）注意饮食调理，多吃豆制品、鱼、牛奶、核桃、大白菜、空心菜、西红柿及新鲜水果等。如果是年龄、全身疾病或其他原因导致的眼干燥症，要进行全身病的检查与调养，发现眼睛不适症状加重应及时去眼科就诊。

四、找上门的白内障

我们的眼睛里有一个晶状体，它就像是一架照相机的镜头，可以帮助你对准焦距，看清外面的世界，正常情况下它是透明的，但在某些因素作用下，晶状体由透明变为浑浊，即我们通常所说的白内障。

1. 白内障的症状

缓慢渐进性视力下降，通常数月或数年，累及单眼或双眼，可有眩光、色觉减退及近视程度增加，这些症状取决于晶状体浑浊的位置和密度。

2. 白内障的病因及发病机制

白内障的发病机制较为复杂，是机体内外各种因素对晶状体长期综合作用的结果。晶状体处于眼内液体环境中，任何影响眼内环境的因素，如老化、遗传、代谢异常、外伤、辐射、中毒、局部营养障碍及某些全身代谢性或免疫性疾病，都可以直接或间接破坏晶状体的组织结构、干扰其正常代谢而使晶状体浑浊。流行病学研究表明，紫外线照射、糖尿病、高血压、心血管疾病、机体外伤、过量饮酒及吸烟等均与白内障的形成有关。

3. 白内障的常用检查方法

常用检查主要通过裂隙灯检查：以裂隙灯作光学切面检查，从前至后，可见许多明暗相间的层次结构，代表着不同时期的晶状体核，各层次透明度不完全一致。

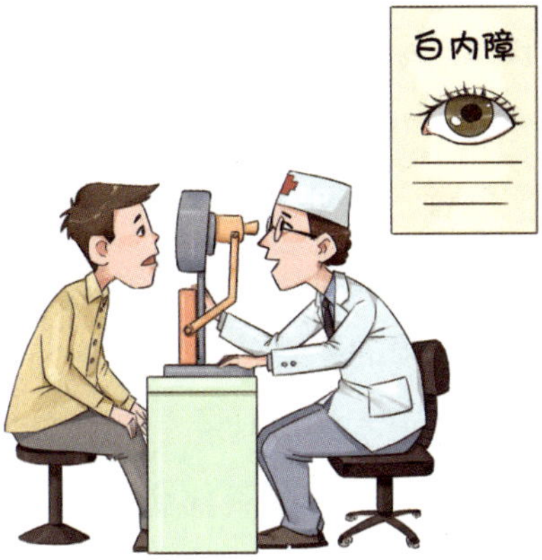

白内障

当然也可以通过其他方法如焦点照明检查法，即用灯光直接照射，看晶状体有无浑浊及脱位。虹膜投影法，即以细光呈 45° 自瞳孔缘斜行投射至晶状体，如晶状体浑浊位于核心部，在浑浊区与瞳孔缘之间有一新月状透明区，混浊越重阴影越窄。如晶状体全部浑浊则新月状阴影完全消失。

4. 白内障的分类

分类	病理表现
白内障可按不同方法分类	按病因：分为年龄相关性、外伤性、并发性、代谢性、中毒性、辐射性、发育性和后发性白内障等
	按发病时间：分为先天性和后天获得性白内障
	按晶状体浑浊形态：分为点状、冠状和绕核性白内障等
	按晶状体浑浊部位：分为皮质性、核性和囊膜下白内障等
	按晶状体浑浊程度：分为初发期、未成熟期、成熟期和过熟期

5. 白内障的治疗

（1）非手术治疗：很多人害怕手术，担心疼痛，总是想依赖药物治疗，但研究表明至今尚无药物能有效地缓解白内障的进展。对于早期轻度白内障，药物治疗可能有效，但不确切，更不可能逆转，对于已经影响到生活的白内障，手术是唯一有效的治疗手段。

（2）手术治疗：不少人以为要等到白内障“熟了”，完全看不见东西了才能手术，其实这是一个普遍的误区，**手术不能等到“熟了”才做，**否则等到晶状体越来越硬，不但会增加手术的难度还会增加并发症的风险。对于矫正视力低于0.3，或矫正视力未低于0.3，但已经影响到了工作与生活，希望提高视力者，均可考虑手术。特别是以后囊浑浊为主的白内障患者在日光下视力下降会更明显，常需提早手术。

6. 白内障的手术效果

白内障手术的成功率较高，如眼底情况较好，大部分患者能提高视力。但如果原先存在一些眼部病变，如青光眼、虹睫炎、老年性黄斑变性、视网膜脱离、眼底静脉阻塞、视神经萎缩等，或者有糖尿病、高血压、肾病等内科疾病，就会影响术后效果。

白内障手术会完全去除晶状体，那么白内障就不会再得了。但是有一部分患者，特别是年轻的患者，有可能发生“后发障”，这是因为白内障手术把晶状体从晶状体囊里面取出来以后，把人工晶状体放置在这个囊袋里，有些患者的囊袋会逐渐纤维化而如果手术以后几个月到1年出现视力再次下降，记得去医院再检查一下，如果是后发障，只需要用激光治疗即可。

7. 人工晶状体使用期限

人工晶状体放入眼睛内，若没有发生脱位或造成并发症，可以**永久置放，不必更换。**

8. 白内障的预防

建议外出时佩戴太阳镜，尤其是夏天或在海边等紫外线强烈的地方，佩戴太阳镜可以减少紫外线对眼睛造成的伤害；多吃富含维生素C的水果、蔬菜，少吃辛辣、油腻、难以消化的食物；尽量戒烟，可以降低白内障的发生概率；避免过度视疲劳，定期进行健康检查，及早消除眼部危险因素。

五、青光眼，这样治疗最有效

青光眼是第一位不可逆致盲眼病，总人群发病率为 1%，45 岁以后为 2%，有一定的遗传性。世界青光眼协会和世界青光眼患者协会在 2008 年共同发起，将 3 月 6 日定为“世界青光眼日”。

像监测血压一样监测眼压，像保护生命一样保护视力。当眼球内的压力（眼压）超越了眼球内部组织，特别是视神经所能承受的限度，引起视神经萎缩和视野缺损时，称为青光眼。眼压是眼球内容物作用于眼球内壁的压力。它的正常值：1.47~2.79 千帕（11~21 毫米汞柱）；双眼差 <0.66 千帕（5 毫米汞柱）；24 小时波动 <1.06 千帕（8 毫米汞柱）。

青光眼是眼科临床常见疾病，其本质是视神经损伤，而这种损害通常是不可逆的。这种疾病又**没有药物可以完全地治愈，只能通过定期的治疗来控制病情。**因为大多数的患者在疾病的初期并没有察觉有任何的不适，所以就不知道自己患病，当患者有明显的一些症状出现的时候，疾病已发展到晚期了，此时已经失去了最佳的治疗时期了。若是能在早期发现青光眼，其药物治疗就可以有效地控制病情，因此，对于青光眼而言，早期治疗最关键。

那么哪些患者是高危人群呢？

（1）体检中被怀疑有青光眼者。40 岁后，每年必须定期查眼压、眼底。

（2）有青光眼家族史者。每一位家庭成员都应认真检查 1 次，必要时做长期的定期观察。

（3）一眼诊断为青光眼，另一眼应尽早检查。

（4）患有与青光眼有关的全身性疾病，如糖尿病、高血压、低血压、高脂血症等。

（5）患有与青光眼有关的其他眼病，如高度近视、高度远视及眼底出血等。

（6）出现青光眼常见的症状：眼胀、头痛、虹视、视力下降等。

青光眼患者大多需要**终生接受综合治疗，包括药物治疗和手术治疗。**青光眼有它的发病过程，首先是临床前期，然后是发作期，发作期又分为先兆期、大发作期、间歇缓解期、慢性进展期。要看青光眼处于什么时期，再采取不同的治疗措施。如果是在临床前期、间歇缓解期或者先兆期，可以做激光虹膜根切或者做激光小梁成形，就可以治疗青光眼。大发作期以后，如果房角是关闭的，因为晶状体膨胀导致的房角关闭，就可以通过做白内障来治疗青光眼。

六、年轻老师近数度数也会继续增长

很多人认为，近视只是发生在青少年时期，似乎只有小孩子的度数才会涨，如果青少年时期不近视，成年后也不会再近视了，原本近视的人成年后度数也会稳定不再发展。但事实并非如此，虽然成年人眼球发育已经成熟，近视度数相比青少年更稳定，但并不意味着成年后就不会近视或者近视度数就会停止增长，也有不少人成年后近视度数还在上涨。调查发现，教师人群中近视眼的发病率明显高于普通人，这究竟是什么原因导致的呢？

1. 频繁过度用眼

随着科技的发展，我们的教学方式已经从粉笔黑板时代进入到多媒体时代，多数教师尤其是年轻教师更多的是通过电脑完成备课、讲课、培训等工作，即使是工作之余的休息时间几乎也离不开电子产品，用电脑上网、手机刷微信等；除此之外老师们还有写教案、做总结、批改作业等日常工作，近距离用眼时间比较长，如果长时间的近距离频繁过度用眼，不注意休息，眼睛不能得到很好的放松，睫状肌调节就会出现问题，继而出现眼酸、眼胀、眼疲劳、视力下降等问题，久而久之就会形成近视甚至近视度数的加深。

教师近视

因此，提醒尊敬的各位老师们，在日常工作中一定要注意用眼频率，近距离用眼最好不超过 40 分钟，尽量做到劳逸结合；另外还要注意用眼环境，避免在暗光源下长时间工作，建议每半年或者一年做一次眼健康检查，通过眼健康检查还可以发现一些全身性健康问题。

2. 病理性近视

有的老师过了25岁之后，近视度数仍不断发展，眼球也会越来越长，矫正视力也在不断下降，这其实是眼睛内部发生的病变，具有遗传性。从眼底来看，除了视网膜变薄，还可能出现其他病变。

临床上，我们一般将近视度数超过600度认为是高度近视，普通高度近视的人成年后度数基本稳定，每年不再继续加深，矫正视力也能达到1.0，从眼底来看和正常人也没什么区别；而病理性高度近视的人每年都会增加度数，矫正视力也不太好。

通常来说，成年人近视度数每增加300度，眼轴会增长1毫米，眼球长了，眼球壁就会变薄，相应的脉络膜、视网膜都会变薄，从而发生视网膜脱落、黄斑病变、青光眼等致盲性眼病的风险均会大大增加。

因此，对于高度近视的老师们来说，每年都应该定期去医院做个眼部检查，看看度数是否发生变化，以及眼底的情况；如果眼前出现闪光感、遮挡感等，应尽快就诊检查是否发生视网膜脱离，避免耽误治疗。

那么，作为老师，日常我们该如何呵护我们的双眼呢？

首先，我们要养成良好的用眼习惯，使用电子产品或者近距离工作40分钟休息10分钟，向窗外远望或者闭目休息都可以，让眼睛得到适当的放松。

其次，避免在光线过强或过暗环境下工作，强烈的光线刺激会对眼睛造成伤害，必要时可以拉上遮阳帘，室内光线不好记得打开照明灯，不熬夜保证充足睡眠。

再次，可以适当增加一些户外活动，比如进行集体郊游或者打羽毛球、乒乓球等体育运动，不仅锻炼了身体还可以缓解眼部疲劳。

另外，对于有高度近视的老师们，一定要避免做一些像跳水、蹦极、拳击、踢足球等这种冲击力比较大的剧烈运动，由于高度近视眼的眼球壁薄，巩膜抗击外力能力较弱，这些运动会大大增加视网膜脱落的风险，一旦发生视网膜脱落就要赶紧采取治疗措施，一般以手术为主，一些重体力劳动也要尽量避免，可适当进行一些快走、游泳等不太剧烈的活动。

七、粉笔灰是结膜炎的罪魁祸首

结膜炎是常见的眼科疾病，我们日常所说的“红眼病”就是结膜炎的一种，而“粉笔灰”也是引起结膜炎的重要危险因素之一，为什么小小粉笔灰会是导致结膜炎的“罪魁祸首”呢，首先我们就来详细了解一下结膜炎到底是什么。

1. 症状与体征

得了结膜炎，会引起异物感、灼烧感、痒、畏光、流泪等一系列症状。而结膜炎还会呈现出结膜充血、水肿、渗出物、乳头增生、滤泡、伪膜和真膜、肉芽肿、假性上睑下垂和耳前淋巴结肿大等体征。

（1）结膜充血：“眼红”是急性结膜炎最常面对大众的样子，可由多种因素刺激引起，如粉笔灰不慎进入眼内、紫外线辐射、化学性烟雾等，结膜充血表现为结膜表层的血管充血，即日常所说的“红眼病”。

（2）结膜分泌物：多表现为晨间醒来睁眼困难，“眼屎”增多，是各种急性结膜炎的共有体征。分泌物可为脓性、黏脓性或浆液性。

（3）乳头增生与滤泡形成：多见于睑结膜，翻转上眼睑时可见外观扁平、呈圆顶状乳头或滤泡。

（4）球结膜水肿：血管扩张时的渗出液进入到疏松的球结膜下组织，会导致球结膜水肿，水肿严重时可表现为球结膜突出于睑裂之外。

（5）结膜下出血：严重的结膜炎除了出现结膜充血外，还可出现点状或片状的球结膜下出血，颜色鲜红，量多时可能会呈暗红色。

粉笔灰

（6）耳前淋巴结重大：是病毒性结膜炎的一个重要体征，疾病早期或者症状较轻者不会出现这种症状。

2. 病因

结膜炎作为眼科最常见的疾病之一，其最常见的病因是微生物感染，即细菌感染、病毒感染、支原体感染等，或化学性损伤，如医用药品、酸碱、有毒气体不慎入眼所引起的结膜炎，也可能由于各种物理因素，如风沙、烟尘、紫外线的刺激所引起，我们日常所接触的“粉笔灰”就属于此种类型，这也是为什么说粉笔灰是引起教师结膜炎的罪魁祸首。

3. 常用检查

临床上可根据结膜炎的基本症状和体征如结膜充血、分泌物增多、眼睑肿胀等，作出诊断，但确诊是何种病因所致的结膜炎仍需要依靠实验室检查，包括细胞学、病原体的培养和鉴定，以及免疫学和血清学检查等。

4. 治疗方式

结膜炎的治疗原则为针对病因治疗，局部给药为主，必要时全身用药，**急性期切忌包扎患眼。**

（1）滴眼液滴眼：是治疗结膜炎最基本的给药途径。对于细菌或病毒感染的结膜炎，应在医生的指导下选用敏感的抗菌药物或抗病毒滴眼液。必要时可根据病原体培养和药敏试验选择有效的药物。症状较严重的患者，可用几种混合抗生素滴眼液滴眼，急性期应频繁滴用滴眼液，每 1~2 小时 1 次，病情好转后可逐渐减少滴眼次数。

（2）眼膏涂眼：眼膏在结膜囊停留的时间较长，比较适合睡前使用，可发挥持续的治疗作用。

（3）冲洗结膜囊：当结膜囊分泌物较多时，可用无刺激性的冲洗液（生理盐水）冲洗，每天 1~2 次，以清除结膜囊内的分泌物，注意冲洗时冲洗液勿入眼，避免引起交叉感染。

（4）全身治疗：严重的结膜炎如淋球菌性结膜炎和衣原体性结膜炎，除了局部用药外还需全身使用抗生素类药物。

结膜炎除了需要局部使用眼药水及眼药膏，同时可通过生理盐水冲洗结膜囊、局部冷敷等方法缓解症状。

5. 日常防护

结膜炎是常见的眼部疾病，可从以下几点进行防护：

（1）注意眼部清洁卫生：平时注意保护眼睛，不要用手揉眼睛，滴眼药水前后应洗手，避免接触传染。

（2）注意清洁，消除尘螨：注意改善生活质量，应经常清扫房间角落的灰尘，注意被褥卫生，每隔两周用高温的水清洗床单、被套、枕套，可有效杀死尘螨。书本、文件也要经常清理，因工作需要不可避免地要接触粉笔灰，佩戴眼镜，可一定程度上避免粉笔灰入眼。

（3）加强锻炼，注意眼睛保湿：注意加强营养和锻炼，生活作息规律，增强体质，也可减少结膜炎的发生，同时也可以适当使用一些保持眼部湿润的眼药水，如玻璃酸钠滴眼液，缓解眼部干涩疲劳，降低感染的风险。

八、这样护眼最有效

教师担负着培养国家栋梁的重任，一双明亮的眼睛至关重要，作为用眼较多的职业群体，各种眼部疾病在教师人群中普遍存在，如何科学有效地保护眼睛，是每一位老师都应该了解的，下面我从几大方面详细地介绍怎样护眼最有效。

特别提醒

结膜炎是常见的眼部疾病，可通过多种途径预防，即使出现结膜炎的症状也不必慌张，通过医生的诊治，大多数均可痊愈。

1. 科学护眼

随着科技发展，教学方式也从传统的粉笔黑板时代进步到电脑办公，多媒体 PPT 授课，网上直播讲课也一度成为最新型的教学方式，那么在这样的教学环境下，如何科学有效地保护眼睛呢？

（1）避免长时间持续使用电脑、手机、平板等电子产品，使用中间注意休息，可操作 40 分钟中间休息 5 分钟左右，休息过程中也可看远处景物，做眼保健操来减轻眼睛疲劳。

（2）使用电脑办公时应保证一个良好的姿势，双眼应平视或轻度向下注视屏幕，这样可使眼球暴露在空气中的面积减小，减少泪液蒸发，减轻眼睛干涩。

（3）调整眼睛与电脑屏幕的距离，最好为50~70厘米，呈15~20° 俯视角，这样的距离与角度可有效降低对屈光的需求，减轻视疲劳，同时应保证室内照明充足，屏幕亮度调整为眼睛最舒适的亮度。

（4）长时间面对电脑屏幕可能会导致干涩，建议年轻教师在使用电脑办公时尽量佩戴框架眼镜，不要使用隐形眼镜。

（5）若感觉到眼睛干涩、畏光、流泪、有异物感，需要到正规医院眼科对眼睛进行检查，在医生的指导下进行治疗，千万不可自行随便购买眼药水点眼，避免因药物使用不当造成严重后果。

（6）长期面对电脑屏幕可佩戴抗疲劳眼镜来减少屏幕辐射对眼睛造成的伤害。

2. 注意休息

长时间书写教案、备课，近距离用眼会导致用眼过度，可能会出现视疲劳，年轻教师会出现近视度数加深等情况，因此建议：

（1）每次书写或备课时间不超过40分钟，期间注意休息5分钟左右，向远处眺望或看绿色植物从而放松眼睛。

（2）可将双手搓热，轻揉眼睛，有利于促进眼部血液循环，缓解视疲劳。

（3）定期到正规医院检查视力，发现眼睛度数有变化需要及时更换眼镜，避免长期视物模糊导致近视度数加深。

3. 重视老视眼

一般步入40岁以后眼睛会出现不同程度的老视，也就是我们通常所说的老视，这是每个人步入中年以后必然出现的视觉问题，因此，当40岁以后发现自己出现视近困难，需要在强照明下阅读或工作，视近不能持久，眼睛容易感到疲劳时：

（1）需要到正规医院眼科检查，确认是老视就需要验配老视眼镜，可佩戴普通看书写字用的单光眼镜，也可佩戴能同时解决视远视近问题的双光眼镜和渐进多焦点眼镜。

（2）批改作业或书写教案时应保证充足的照明。

（3）避免长时间近距离用眼，视近40分钟左右需注意休息5分钟左右，避免引起视疲劳。

4. 正确使用佩戴软性隐形眼镜

年轻教师通常为了美观方便会选择长期佩戴软性隐形眼镜，这样可能会导致的后果有眼睛细菌感染、角膜受损、角膜缺氧、护理液过敏 / 角膜毒性反应等，因此建议**最好不要长期佩戴软性隐形眼镜，**如有特殊需要必须佩戴时，对佩戴者有以下建议：

（1）佩戴隐形眼镜需要到正规机构购买正规品牌的隐形眼镜，购买时尽量选择周期较短（如日抛、月抛类）的隐形眼镜，同时最好选择透氧率高，镜片较薄的软性隐形眼镜。

（2）初次佩戴隐形眼镜者需到正规机构找专业人员系统全面地学习隐形眼镜的摘戴及注意事项，避免因操作不当造成角膜损伤等问题。

（3）使用周期较长的软性隐形眼镜时，需要每天清洗镜片并更换护理液，即使不戴也需要每天清洗，更换护理液；存放隐形眼镜的盒子使用前需要用开水浸泡，杀菌消毒，并定期更换。

（4）佩戴隐形眼镜可能会导致眼睛干涩，可点人工泪液缓解；如果摘带过程中角膜受到损伤，或者发现眼睛对护理液过敏时，应立即停戴隐形眼镜，并需要到正规医院眼科找医生进行检查，在医生的指导下进行有效的治疗，不可自行购买眼药水点眼，以防造成更加严重的后果。

（5）每天佩戴隐形眼镜的时间不应超过 8 小时。

（6）严禁戴着软性隐形眼镜睡觉、过夜。

（7）上课时需要板书，粉笔末灰尘量较大，因此不要戴着隐形眼镜板书。

5. 健康的生活饮食方式

同时也可从日常生活饮食上注意，养成有益于保护眼睛的生活习惯：

（1）为减少强光刺激眼睛，太阳光强烈时需要佩戴太阳镜保护眼睛。

（2）每天讲课用粉笔板书时会产生大量的粉笔末，进入眼睛后可能会引起结膜炎等眼部疾病，因此**上课时可佩戴护目镜，也可将粉笔头沾湿后书写和使用湿布擦黑板。**

（3）保持健康的身体，保证充足的睡眠，不熬夜，多吃富含叶黄素的蔬菜水果，补充维生素，保证眼睛对营养物质的需求。

（4）少吸烟喝酒，减少对眼睛的伤害。

最后，建议定期到医院对眼睛进行全面检查，筛查眼部疾病，早发现早干预早治疗。

九、眼病的问题，关键是预防

《黄帝内经》中曾提到“圣人不治已病治未病”，治未病首先要做到的便是未病先防！眼病的问题，预防同样是关键！

1. 严防严控视疲劳

眼病的主要症状有视疲劳、眼干燥症、视物模糊、眼部胀痛等。**控制好电子产品的使用时长是关键，每天不宜超过 4~6 小时，每使用半小时后适当休息 10 分钟，**做做眼保健操或通过教室或者办公室的窗户朝外面远眺，看看外面的绿色的树木。这样使我们原本近距离看书或者看电脑等而紧张的睫状肌放松，避免过度疲劳用眼。

2. 用眼卫生要记牢

角膜炎、结膜炎、睑缘炎等都是眼科的常见疾病，预防这些疾病首先要注意的就是用眼卫生，做到勤洗手、不揉眼，毛巾等个人物品单独使用。经常化妆的女士卸妆时要格外注意眼部睑缘的清洁，化妆品的残留会对眼表造成刺激，导致眼表炎症的发生。

3. 出门墨镜要备好

对于经常开车或者户外活动较多的人来说，**佩戴墨镜也是预防眼病的关键一步！**许多人都知道紫外线会导致皮肤癌，却不知眼睛才是对紫外线最为敏感的部位，比皮肤更为脆弱，长期过量吸收紫外线会导致很多眼疾的发生。

4. 补充营养很必要

首先，我们可以适当补充维生素，如富含“护眼必需品”之称的维生素 A 的食物。维生素 A 可预防眼干、视力衰退、夜盲症等，每天摄入足够的维生素 A 还可以预防和治疗眼干燥症。维生素 A 的最好来源是各种动物的肝脏，植物性食物如胡萝卜、苋菜、菠菜、青椒、红心白薯、梨等也富含维生素 A 。维生素 B 族是视神经的营养来源之一，维生素 B_1 不足，眼睛容易疲劳；

维生素 B_2 不足，容易引起角膜炎。维生素 B 族多含在芝麻、大豆、鲜奶、小麦胚芽等食物中。

5. 中药同样少不了

菊花，具有平肝明目的作用，是中医治疗各种眼疾的良药。菊花富含维生素 A，是保护眼睛健康的重要物质，菊花茶能让人头脑清醒、双目明亮，特别对肝火旺、用眼过度导致的双眼干涩有较好的疗效。枸杞子具有补肝肾明目的作用，也是护眼佳品，它富含胡萝卜素、维生素 B_1、维生素 B_2、维生素 C 及钙、铁等物质，在煮粥或泡水时都可适量加入些枸杞子。对于肝火较旺或眼睛经常有分泌物的人群可以选用决明子，决明子能清肝明目、润肠通便，一般用量为 3~6 克。当然，使用药物保健时最好在专业的中医师指导下服用。

6. 基础疾病控制好

除了服用药物，生活中更重要的是做到饮食有节，起居有常，适当运动，心静气和。我们都耳熟能详的“三高”，“高血压”“高血脂”“高血糖”，这些看似是全身内科疾病，但其实也与眼病的发生息息相关，眼科著名书籍《审视瑶函》中记载“脏腑之疾不起，眼目之患即不生”，所以，**预防全身病也是预防眼病的关键，稳定血压、血糖、血脂，能够减少眼底病的发生。**养成规律作息，饮食少油少盐少糖，适当的体育运动，保持愉悦的心情，尤其对于青光眼患者，更要注意情绪的调节稳定，否则着急生气更易诱发青光眼的发作。

注意生活中的点点滴滴，呵护双眼，才能使我们的“心灵之窗”更加明亮。

颈椎病

一、原来颈椎病这么“青睐”教师

低头伏案历来是教师职业劳动姿势的一大特征，不管是备课、批改作业还是写作和笔译，都需要较长时间连续这一低头伏案姿势。而颈椎恰恰处在头颅与躯干之间，头的重量大，低头前屈就使得颈椎 4、5、6 节处受力负荷更大。教师长期埋头工作，势必引起颈椎慢性积累性损伤，其可造成颈部肌肉、韧带、关节慢性损伤，椎间盘变性，椎体不稳，小关节错位等。加之机体受风寒侵袭、感冒、疲劳、睡眠姿势不当或枕高不适宜，使颈椎过伸或过屈，颈项部某些肌肉、韧带、神经受到牵张或压迫。

令人遗憾的是，现在大多数教师在低头伏案写字时，头颈前倾角都达到或超过 45°，并且习以为常，有些甚至达到 60°。按生物力学原理和方法，这将大大加重颈椎负担。当然，即使头前倾角度很大，但持续时间较短，次数不多，也不会造成对颈椎的伤害。问题在于，我们大多数教师低头伏案工作的时间不可能较少。

目前，普遍认为**教师连续低头伏案工作时间越长，患颈椎病的机会就越大。**在各省调查中，高校教师颈椎病发病率普遍高于中小学教师，就是一个验证。因此在日常生活及工作中，尤其是教师、医师、办公室文职人员等，应避免长期低头姿势，定时改变姿势，舒展颈部，科学运动如“回头望月”“雏鸟起飞”“头手较劲”等有利于颈肩肌肉弛张的调节和改善血循环。

教师容易得颈椎病

二、用这些方法，自己能检查自己是否得了颈椎病

1. 压头试验（Spurling’s test）

将患者头部向一侧和后方压迫，出现同侧上肢放射痛为阳性，此动作可使同侧的神经根管明显变窄，神经根型颈椎病患者由于神经根受到增生的骨

赘或突出的椎间盘压迫而出现症状。

2. 臂丛牵拉试验（Eaton's test）

检查者一手扶患侧颈部，一手握患腕，向相反方向牵拉，刺激已受压的神经根而出现同侧上肢放射痛。

3.Barre–Lieou 征

将患者头部向一侧旋转、侧屈并保持几秒，出现头晕目眩、恶心等症状为阳性。椎动脉型或交感型颈椎病患者，椎动脉或交感神经受到颈椎增生的压迫，这样的动作可以使压迫更加明显而诱发症状。

4.Hoffmann 征

患者前臂旋前，掌面向下，检查者一手握其腕部上方，另一手中、食指夹住患者中指，使其腕部轻度背伸，然后用拇指向掌侧弹拨中指远端指甲，患者拇指及其余各指迅速屈曲为阳性，提示有上位运动神经元损害，常见于脊髓型颈椎病患者。

三、这些问题，可能都是颈椎病导致的

颈项强直、疼痛，可有整个肩背疼痛发僵，颈椎活动明显受限，不能作点头、仰头及转头活动，呈斜颈姿势。需要转颈时，躯干必须同时转动，也可出现头晕的症状。

少数患者可出现反射性肩臂手疼痛、胀麻，咳嗽或打喷嚏时症状不加重。

如果您有以上不适体验，您可能已经不幸罹患颈型颈椎病。

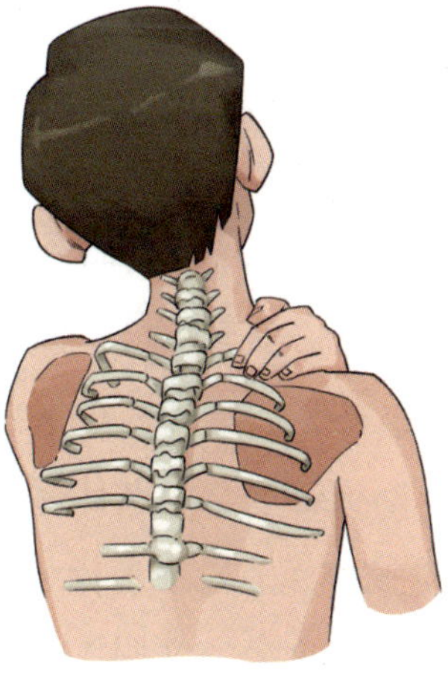

颈椎病高发

颈部疼痛和颈部僵硬感，常常是最早出现的症状。还可以表现为肩部及肩胛骨内侧缘疼痛。

双侧或单侧上肢出现放射性疼痛或麻木，沿着受累神经根的走行和支配区放射，因此医学称之为“根性疼痛”。可以呈偶尔发作性或持续性。有时症状的出现与缓解和患者颈部的

位置和姿势有明显关系。颈部旋转屈伸等活动、咳嗽、喷嚏、用力及深呼吸等，可加重。

双侧或单侧上肢感觉沉重、握力减退，有时出现持物坠落。可有血管运动神经的症状，如手部肿胀等。病程较长者也可以出现肌肉萎缩。

如果您有以上不适体验，您可能已经不幸罹患神经根型颈椎病。

经常出现一侧或双侧下肢麻木、沉重感，随后逐渐出现行走困难，下肢各组肌肉发紧、抬步慢，不能快走。继而出现上下楼梯时需要借助上肢扶着拉手才能登上台阶。严重者步态不稳、行走困难。行走时双脚可能会出现“踩棉感”，飘飘的感觉。

经常出现一侧或双侧上肢麻木、疼痛，双手无力、不灵活，写字、系扣、持筷等精细动作难以完成，持物易落。严重者甚至不能自己进食。

躯干部出现感觉异常，患者常感觉在胸部、腹部或双下肢有如皮带样的捆绑感，医学上称之为“束带感”。同时下肢可有烧灼感、冰凉感。部分患者出现膀胱和直肠功能障碍。如排尿无力、尿频、尿急、尿不尽、尿失禁或尿潴留等排尿障碍，大便秘结。性功能也可减退。如果病情进一步发展，患者须拄拐或借助他人搀扶才能行走，直至出现双下肢呈痉挛性瘫痪，卧床不起，生活不能自理。

如果您有以上不适体验，您可能已经不幸罹患脊髓型颈椎病。

头晕或眩晕、头痛或偏头痛、头沉、枕部痛，睡眠欠佳、记忆力减退、注意力不易集中等。偶有因头晕而跌倒者。

眼胀、干涩或多泪、视力变化、视物不清等；耳鸣、耳堵、听力下降；鼻塞、“过敏性鼻炎”，咽部异物感、口干、声带疲劳等；味觉改变等。

恶心甚至呕吐、腹胀、腹泻、消化不良、嗳气以及咽部异物感等。

心悸、胸闷、心率变化、心律失常、血压变化等。

面部或某一肢体多汗、无汗、畏寒或发热，有时感觉疼痛、麻木但是又不按神经节段或走行分布，坐下或站立时加重，卧位时减轻或消失。尤其是教师、办公室文职人员等颈部活动多、长时间低头、在电脑前工作时间过长或劳累时明显，休息后好转。

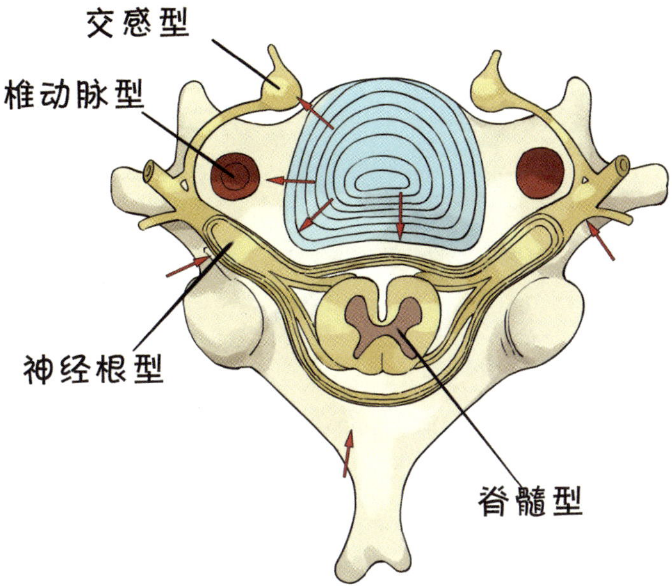

颈椎病分型

如果您有以上不适体验，您可能已经不幸罹患交感型颈椎病。

发作性眩晕，复视伴有眼震，或偶尔或经常伴随恶心、呕吐、耳鸣或听力下降，且以上症状多发生于颈部位置改变时，即与颈椎活动高度相关。

下肢突然无力猝倒，但是意识清醒，多在头颈处于某一位置时发生。偶有肢体麻木、感觉异常。可出现一过性瘫痪，发作性昏迷。

如果您有以上不适体验，您可能已经不幸罹患椎动脉型颈椎病。

四、得了颈椎病，可以做些这样的检查

1.X 线

常拍摄全颈椎正侧位片，颈椎过屈过伸动力位片，斜位摄片，必要时拍摄颈 1~2 开口位片和断层片。

颈椎正位片：可观察钩椎关节是否变尖或横向增生、椎间隙是否狭窄等。

颈椎侧位片：可观察颈椎序列不佳、反曲、椎间隙狭窄、椎体前后缘骨赘形成、椎体上下缘（运动终板）骨质硬化、发育性颈椎管狭窄等；有时还

可观察到在颈椎椎体后缘有高密度的条状阴影，即颈椎后纵韧带骨化。

过屈、过伸侧位：可观察颈椎是否有节段性不稳定表现及其程度。

左、右斜位片：可见清晰椎间孔大小、形态、容积，是否有骨性增生。

2.CT

CT 检查有助于观察椎管的形状及 OPLL 的范围和对椎管的侵占程度；脊髓造影配合 CT 检查可显示硬膜囊、脊髓和神经根受压的情况。

3.MRI

颈椎 MRI 检查具有较高的软组织分辨率，可以清晰地显示出椎管内、脊髓内部的改变及脊髓受压部位及形态改变，对于颈椎损伤、颈椎病及肿瘤的诊断具有重要价值。

当颈椎间盘退变后，其信号强度亦随之降低，无论在矢状面或横断面，都能准确诊断椎间盘突出。

磁共振成像在颈椎疾病诊断中，不仅能显示颈椎骨折与椎间盘突出向后压迫硬脊膜囊的范围和程度，而且还可反映脊髓损伤后的病理变化。

脊髓内出血或实质性损害一般在 T2 加权图像上表现为暗淡和灰暗影像。而脊髓水肿常以密度均匀的条索状或梭形信号出现。

4. 其他

经颅彩色多普勒（TCD）、数字减影血管造影（DSA）、磁共振血管造影（MRA），以上三项可探查基底动脉血流、椎动脉颅内血流，推测椎动脉缺血情况，是检查椎动脉供血不足的有效手段，也是临床诊断颈椎病，尤其是椎动脉型颈椎病的常用检查手段。

椎动脉造影和椎动脉“B 超”对诊断有一定帮助。

五、发现颈椎病的苗头，别让颈椎的小问题变成大麻烦

颈椎病是颈椎骨关节炎、增生性颈椎炎、颈神经根综合征、颈椎间盘突出症的总称，是一种以退行性病理改变为基础的疾患。

注意适当休息，颈部放置在生理状态下休息，病情严重者更要卧床休息 2~3 周。选择有利于保持脊柱平衡的床铺、枕头为佳。做到既要维持整个脊柱的生理

曲度，又应使患者感到舒适，达到使全身肌肉松弛，调整关节生理状态的作用。一般成年人颈部垫高约5~8厘米较好，高枕使颈部处于屈曲状态，其结果与低头姿势相同。侧卧时，枕头要加高至头部不出现侧屈的高度（11~14厘米）。

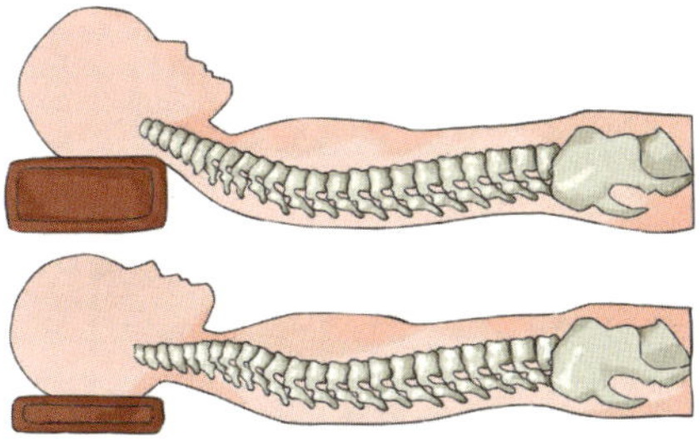

枕头高低和颈椎病的关系

避免长期低头姿势，定时改变姿势，舒展颈部，有利于颈肩肌肉弛张的调节和改善血循环。避免颈部外伤。避免风寒、潮湿。重视青少年颈椎健康。

六、对症用药，缓解颈椎病

目前，报道的**90%~95%的颈椎病患者经过非手术治疗获得痊愈或缓解，仅一小部分患者经非手术治疗无效或病情严重而需要手术治疗。**

同时尚无颈椎病的特效药，非甾体抗炎药（依托考昔、塞来昔布、洛索洛芬钠等）、肌肉松弛药（乙哌立松等）、营养神经药（神经妥乐平）及镇静药均属对症治疗，颈椎病系慢性病，如长期使用上述药物，可产生一定副作用，故宜在症状剧烈、严重影响生活及睡眠时才短期交替使用。传统中医中药在颈椎病的治疗中具有举足轻重的作用，一般为中药外治疗法，临床常用中药制成不同的剂型，应用在颈椎病患者的有关部位以达到行气散瘀、温经散寒、舒筋活络或清热解毒等不同作用。

但以上对症用药需在专业医师指导下进行，**禁止自行调换及调整药物剂量，**以免发生不必要的药物副作用。

七、科学运动，告别颈椎病

1. “回头望月”

头颈左旋，达最大幅度时保持约5秒，还原后头颈右旋重复同样动作，重复10次。

2. “雏鸟起飞”

采用站立位，双足分开与肩同宽，双手在身后相握，用力向后拉伸；同时头颈尽力后仰，颈肩背部肌肉用力收缩，保持 5 秒；然后颈肩部肌肉放松，恢复原位，重复 10 次。这是建议大家久坐后起身活动时采用的动作，效果很好。

3. “头手较劲”

两手手指交叉置于头后，手臂用力向前，颈部用力向后，头手较劲。每组 10 次，每次坚持 10 秒，每天坚持 3 组。

如果长时间伏案工作，还应当保持良好的坐姿，最好每隔半小时休息一次，起身放松身体，这样也可以起到预防颈椎病的作用。按摩放松的时候，要注意力度，不可随意捶打颈肩，以免对颈椎造成伤害。

八、这些小妙招，让颈椎问题快走开

（1）劳逸结合。长期从事案头工作的人应注意休息和活动，消除局部肌肉疲劳，预防和缓解颈椎劳损。良好的姿势是预防颈椎病的有效办法，常言所说的“坐如钟”也可以应用到颈椎病的治疗上。工作不宜长期低头，工作期间应适当休息，并配合做颈部运动，读书、看报时坐姿要正。

（2）枕头合适。合适的枕头对预防和治疗颈椎病有重要意义。一般习惯

回头望月

雏鸟起飞

头手较劲

仰卧者枕高一拳，习惯侧卧者枕高一拳半，约 10 厘米。枕芯以木棉、荞麦皮为好，装填量要适当，以保持一定的硬度和弹性。弹性过大的枕头容易造成颈部肌肉的疲劳和损伤。

（3）防止损伤。平时应防止颈部外伤及落枕，以免颈椎韧带损伤，使颈椎的稳定性受到破坏，进而诱发或加重颈椎病。

（4）颈部运动。可适当进行颈部和脊柱运动以改善症状，如做左右转头、前屈后仰、左右侧屈等动作。每次 15~20 分钟，每天 2 ~ 3 次。切忌剧烈转动头部，以免晕倒。做上述运动时患者最好用双手扶住椅背，动作宜慢，逐渐增加活动量。

（5）搓双脚掌。双脚大拇指根部内侧横纹尽头处为人体颈椎反射区。每日用手搓此部位，可有效防治颈椎病。

（6）中医推拿。推拿治疗以轻手法按摩为宜，切忌过急的旋转手法，以免引起颈椎半脱位，甚至瘫痪。经数次推拿治疗疗效不佳者，宜停止推拿。

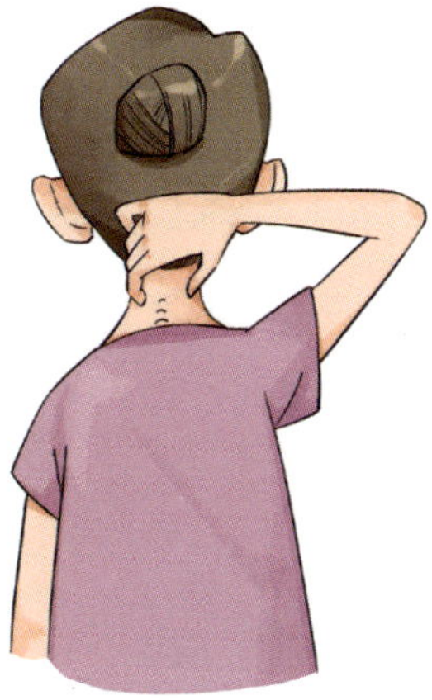
自我按摩

（7）颈部牵引。颈部牵引是治疗颈椎病的主要方法，可有效改善颈椎病的各种症状。但一定要在康复科医师的指导下，正确掌握其要领后才可在家中自行牵引，不可自作主张，随意增加牵引重量，以免引起严重后果。

（8）颈椎体操。有颈椎病的人不妨试试颈椎体操。具体步骤为：“一摆头”，两脚分开，自然站立，双臂下垂，先向左摆 36 次，再向右摆 36 次，身子不要动；“二转头”，两脚分开，自然站立，双臂下垂，先从左侧向右转 36 次，反过来从右侧向左转 36 次，角度越大越好，但动作不要太快；“三伸头”，姿势同上，把头向前伸 36 次；“四耸肩”，两脚分开，同肩宽，双臂下垂，全身放松，耸肩 36 次。此法舒筋活血、强健筋骨，每天 1 次，连续 1~2 周。

肩周炎

一、天天写板书，我的胳膊为什么突然这么痛

天天写板书，出现肩关节疼痛可能是肩周炎，又称“五十肩”，是以肩关节疼痛和活动不便为主要症状的常见病症。起初患者肩部呈阵发性疼痛，多数为慢性，以后疼痛逐渐加重，气候变化或者劳累后疼痛加重，肩痛一般表现为早上轻晚上重。肩关节各个方向活动均可受限，以胳膊上抬及后背活动受限明显，随着病情进展，肩关节逐渐僵硬，自己主动活动及被动活动均受限。特别是梳头、穿衣、洗脸、叉腰等动作难以完成。患者肩部怕冷，受凉后疼痛明显加重。

肩周炎

二、肩关节的这些问题是这样来的

1. 发病原因

肩周炎见于世界各地，流行病学调查显示，该病在世界范围内的发病率约为 2%~5%；主要发病年龄为 40~70 岁，其中又以 50 岁左右为多发；女性发病率比男性高，男女发病率约 1 ∶ 3。此外，糖尿病和甲状腺功能减退患者更容易患肩周炎。**肩周炎的病因和发病机制，一般认为是滑膜炎和关节囊纤维化共同作用的结果，然后出现肩关节周围粘连、僵硬，导致患者出现肩关节周围疼痛、活动受限等症状。**

肩周炎患者往往先有疼痛然后才出现肩关节僵硬，这提示炎症反应是其发病过程中的早期事件。根据肩周炎有无病因，可以将其分为原发性（特发性）与继发性，前者称为原发性肩周炎，后者称为继发性肩周炎。

（1）原发性肩周炎：没有明显诱发因素，呈自然发病，病变多发生在肩关节周围。病变常累及：①肌和肌腱，可分两层，外层为三角肌，内层为冈上肌、冈下肌、肩胛下肌和小圆肌四个短肌及其联合肌腱。联合肌腱与关节囊紧密相连，附着于肱骨上端如袖口，称为肩袖。肩袖是肩关节活动时受力

最大的结构之一，易于损伤。肱二头肌腱长头起于关节盂上方，经肱骨结节间沟的骨纤维隧道，此段是炎症好发之处。②滑囊。有三角肌下滑囊、肩峰下滑囊及喙突下滑囊，其炎症可与相邻的三角肌、肱二头肌腱短腱相互影响。③关节囊。肱盂关节囊大而松弛，肩关节活动范围大故而容易受损伤。

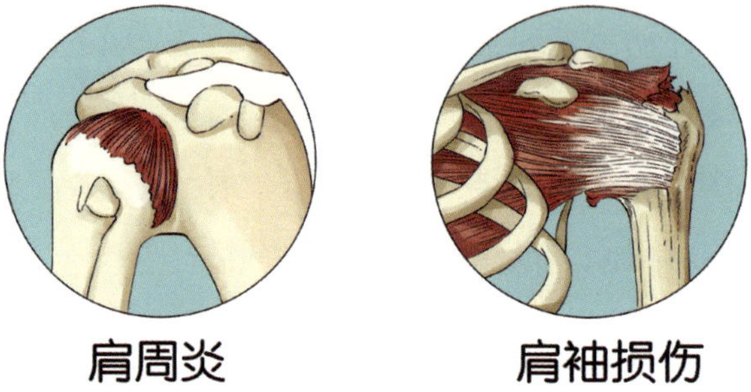

肩周炎、肩袖损伤

（2）继发性肩周炎：一般继发于上肢创伤或手术后 。根据原发疾病的性质又可以分为创伤性和非创伤性两种亚型。①创伤性：前者如肱骨近端骨折、肩关节脱位、肩袖修复术后肩关节僵硬、关节置换术后肩关节僵硬等。②非创伤性：如慢性肩袖损伤、肱二头肌长头腱病、钙化性肌腱炎等，治疗上需针对原发疾病进行综合治疗。

2. 常用检查

（1）X 线检查：结果多为阴性，后期部分患者可见骨质疏松征象。该病进行 X 线检查主要为排除肩部骨折、脱位，骨性关节炎，肩部肿瘤等疾病。

（2）肩关节造影：肩关节造影是向肩关节腔注入造影剂后，再行 X 线片拍摄，是定位、确诊肩部疾病的辅助检查方法。可见肩胛下滑囊消失、盂肱关节腔缩小、下隐窝消失等特征性表现。**肩关节造影的检查结果具有较强的诊断价值，但由于其是有创检查，一般不作为常规检查选项。**

（3）MRI 肩关节：MRI 检查可以确定肩关节周围结构是否正常，是否存在炎症，判断肩袖有无损伤、撕裂。

3. 有这些症状，就是得了肩周炎

（1）肩部疼痛：起初患者肩部呈阵发性疼痛，多数为慢性，以后疼痛逐渐加重，气候变化或者劳累后疼痛加重，肩痛一般表现为早上轻晚上重。

（2）肩关节活动受限：肩关节各个方向活动均可受限，以胳膊上抬及后背活动受限明显为主，随着病情进展，肩关节逐渐僵硬，自己主动活动及被动活动均受限。特别是梳头、穿衣、洗脸、叉腰等动作难以完成。

肩周炎症状

（3）患者肩部怕冷，受凉后疼痛明显加重。

（4）肩周炎患者逐渐出现肩部某一处痛，与动作姿势有明显关系。随病程延长，疼痛范围扩大，并牵涉到上臂中段，同时伴肩关节活动受限。如欲增大活动范围，则有剧烈锐痛发生。严重时患肢不能梳头、洗脸和扣腰带。夜间因翻身移动肩部而痛醒。患者初期尚能指出痛点，后期范围扩大，感觉疼痛来自肱骨。

体检，三角肌有轻度萎缩，斜方肌痉挛。冈上肌腱、肱二头肌腱长、短头及三角肌前后缘可有明显压痛。肩关节以外展、外旋、后伸受限明显，少数人内收、内旋亦受限，但前屈受限较少。

4. 肩周炎教师容易得

教师工作，因每日写教案和上课在黑板上写字，耗力虽不大，但却需要肩臂许多肌肉参与协调，所以易引起肌肉、肌腱等软组织疲劳。随着年龄的增长，肩关节周围软组织出现退行性病变，对各种外力的承受能力减弱，长期的累积，既可发生内部的慢性损伤，慢性累积性疲劳损伤系指在长期的周而复始的反复活动下，虽然

肩周炎疼痛

受力一般仍在肩关节软组织强度内，但组织出现了慢性疲劳，强度和韧性即下降，有的表面无特殊变化，但内部组织结构已出现损伤或病理改变，成为易患肩周炎的因素，就容易引发肩周炎。另外，长期反复活动肩关节所产生的慢性损伤、急性外伤、受凉、感染及活动减少等因素也可能会导致肩周炎的发生。

三、这些方法，能治疗肩周炎

肩周炎有自限性，可以自愈。一般 1~2 年左右能自愈。但如果患者能尽早接受治疗，可有效减轻肩部疼痛，防止病情恶化，从而保持肩关节活动度，加快该病的康复。如患者没有积极治疗，缺乏肩关节功能锻炼，即使自愈也将遗留不同功能障碍。

该病的急性期治疗主要为通过多手段镇痛。急性期应注意休息，减少肩部肌肉负担。

1. 药物治疗

疼痛持续、夜间难以入睡时，可由遵照医生处方，外敷消炎止痛膏药，如疼痛明显，影响休息，亦可短期服用消炎镇痛药，如塞来昔布胶囊（西乐葆）、依托考昔片（安康信）等；需要注意的是，服用此类药物将会给胃肠道和肾脏带来副作用，因此不宜长期使用。

2. 中医治疗

肩周炎主要为肩部疼痛，肩关节活动障碍（特别是患肩外展、外旋、后伸时受到明显限制），日久可见肩部肌肉萎缩、粘连，属于中医痹证范畴。其病因病机为感受风寒湿之邪或跌仆闪挫，以致经络受损，气血阻滞，不通则痛。

（1）中药内服：该病属中医痹证范畴，自身肝肾亏虚，复感外邪，阻滞筋脉所致。临床上常采用三痹汤、肩痹汤、身痛逐瘀汤、黄芪桂枝五物汤、羌活胜湿汤等治疗，具有一定效果。遵医嘱服药。

（2）中药外用：最常见有药酒、药膏外敷治疗，选用补气养血、活血通络、散寒止痛类中药制成酒、药膏配合推拿按摩治疗可以取得良好疗效。此外，中药熏蒸配合功能锻炼，可以缓解肩部疼痛情况。自己不要随便使用，应该在医师的指导下使用。

3. 针灸疗法

中医中的针刺、温针灸、针刀等治疗本病有确切的疗效，而且已见大量临床报道。针灸治疗肩周炎有良好的疗效。但必须明确诊断，排除肩关节结核、肿瘤、骨折、脱臼等其他疾病，并与颈椎病、内脏病等引起的牵涉痛相区别。

4. 推拿疗法

推拿对病变局部血运改善及病变组织修复具有促进作用。常用推拿手法有一指禅推法、㨰法、拔伸法、摇法、按揉法及活动关节法等。①㨰揉肩背：患者取坐位，先以㨰法施于肩背部及上肢，再以揉法施治，以放松肌肉，缓解痉挛。②点按大法：用拇指点按合谷、内关、外关、曲池、尺泽、肩髃、肩井、天宗、阿是穴等。③搭手推肩：医师用一手握患者的手向健肩搭。趁患者不备，双手同时用力。一推一拉，可松解粘连，继用揉法缓解止痛。④外展抬肩：医师用一肘臂托住患肢，外展上举，一手在肩关节上面做手法，并使其外展的角度逐渐加大。达到最大角度后，医师做手法的手按住肩关节，肘部突然用力向上抬肩，可闻轻微的“喀嚓”声，示患处的粘连被撕开。⑤搓抖摇肩：以摇法前后摇动肩关节 3~5 次，继用搓法、抖法结束治疗。

5. 小针刀疗法

小针刀是中医针刺与西医手术相结合的产物，能够有效松解肩周软组织粘连，短时间内减少患者痛苦，恢复关节功能，是治疗肩周炎的常用方法。

6. 冲击波治疗

冲击波是由冲击波治疗仪发出的低能量或高能量的震波，非侵入性地治疗骨关节疾患。震波可以穿过体液和组织到达患处，当它进入人体后，由于其所接触的介质不同，如脂肪、肌腱、韧带等软组织及骨骼组织等，在不同性质组织的界面处会产生不同的机械应力，表现为对细胞产生不同的拉应力及压应力。拉应力可以诱发组织间松解，促进微循环；压应力可促使细胞弹性变形，增加细胞摄氧，从而达到治疗目的。

7. 局部封闭

在局部或痛点注入局麻药（如利多卡因、普鲁卡因等）和类固醇药物（如醋酸泼尼松龙、曲安奈德、地塞米松等），可以减少局部无菌性炎症，解除痉挛，能够明显缓解疼痛症状。在无痛情况下，患者才能更好地锻炼肩关节，以松解粘连组织，促进疾病康复。

8. 手术治疗

对于保守治疗效果不佳的肩周炎患者，肩关节镜可以看到关节内几乎所有的部位，比切开关节看得更全面，由于图像经过放大，因而看得更准确，而且切口很小，创伤小，瘢痕少，康复快，并发症少。因此肩关节关节镜手术往往能取得立竿见影的效果。

四、这些锻炼按摩方法，对肩周炎有效

该病急性期疼痛严重时宜休息，治疗以消炎止痛为主，不宜过多活动。但急性期过后，无论病程长、短，症状轻、重，患者均应每日进行肩关节的屈伸旋转及内收外展等主动活动动作，活动以不加重夜间疼痛为限。

1. 肩周康复操

在训练过程中要求上肢肩关节朝着各个方向缓慢柔和运动，“伸展、云手、爬墙、钟摆、搓澡、牵伸”等 6 个动作，能有效地牵拉粘连的肩周部位相关的肌肉、肌腱、肌膜，刺激相关的运动感觉神经，从而能较好地解除患肩的粘连僵硬状态，加速血液和淋巴回流，有利于肩关节炎症和水肿消退，起到减轻疼痛、改善活动受限和预防肌肉萎缩等效果。

2. 主动锻炼方法

（1）爬墙法：面壁而立，双臂紧贴墙面，手指带动手臂逐渐向上做爬墙样动作。

（2）划圈法：可以是上下划圈也可以是左右划圈，类似太极拳中的云手动作。每次可顺时针或者逆时针各划 15~20 圈，可根据自身情况逐渐加量。每天练 3~5 次。

（3）拉轮法：在墙上或者树上安一滑轮，穿过一绳，两端各系一小木棍，上下拉动锻炼。

（4）梳头法：双手交替由前额、头顶、枕后、耳后向前纵向绕头一圈，

类似梳头动作，每次 15~20 下，每天 3~5 次。

（5）两手抱头法：双脚站立与肩同宽，双手紧抱绕后脑；两肘拉开，与身体平行；两肘收拢，周而复始。

（6）旋摩肩周法：取坐位，左手手掌贴于右肩，旋转右肩 50~100 次，使之产生温热感，换手。

（7）单手压肩法：以右肩为例。两足似弓步，右脚在前，离桌尺余；左脚在后伸直。右手收于桌上，左手掌按右肩，利用身体向下向后摆动。

（8）扩胸分肩法：两足站立，与肩同宽，两手放于胸前，两肘与肩平直，手背在上，掌心朝下。扩开胸怀，分开双肩时吸气，回复时呼气。

（9）捏拿手臂法：取坐位，以左手捏拿右手手臂，从肩到手腕，再由手腕到肩，反复捏拿 5~10 遍，换手。

（10）头压手掌法：晚上睡前和早上起床前，仰卧床上，伸直双腿，手掌放在头下面，掌心向上，手背朝下，用头紧紧压住手掌中心（哪边痛就压哪边的手掌），每次 20 分钟。开始几天，手臂不能弯度过大，手掌也很难伸到位，可先采用侧头压手掌的办法。

（11）按揉穴位法：按揉肩井。取坐位，以左手中指按揉右肩肩井穴 1~2 分钟，换手。按揉曲池。取坐位，以左手拇指指尖按揉右臂上的曲池穴 1~2 分钟，换手。按揉合谷。取坐位，以左手拇指指尖按揉右手合谷穴 1~2 分钟再换手。

3. 被动锻炼方法

（1）按摩揉㨰肩臂法：患者取坐位（体虚者可取卧位），医者立于患侧，一手托握患者前臂或肘部，另一手掌由肘部向上推至肩背部十余次；再用双手大鱼际或掌部着力患肩周围前后分推数次，双手掌抚摩肩周及上臂 2 分钟；单或双掌、拇指、多指揉肩及上臂数分钟；单手小鱼际或掌指关节㨰肩周上臂部，同时用手托伤肢前臂或肘部活动肩关节数分钟。共操作 10 分钟。

（2）揉拨肩胛周围法：体位同上，医者立于患侧后方，一手固定肩部，另一手鱼际、拇指或掌根反复揉肩胛骨背侧及其周围数遍；拇指拨肩胛骨周围附着的提肩胛肌、菱形肌、冈上肌、冈下肌、小圆肌等各数次；再一手固定肩部前方，另一手示、中、环指由肩胛内缘下角插入肩胛骨前方拨肩胛下肌和前锯肌数次，或以患者有酸胀感为度。

（3）拨拿按压肩臂法：体位同上，医者立于患侧，单或双手拇指拨、多指捏拿上臂肱二头肌、三角肌、肱三头肌的硬性索条数分钟；再用单手拇指缓稳用力按揉上臂痛点各 15 秒，或以患者得气为度。

（4）按揉相关腧穴法：体位同上，医者立于患侧，双手拇指相对用力按揉中府与天宗、肩贞与肩内俞各 30 秒，拇指由轻渐重、缓稳用力按揉肩中俞、肩外俞、秉风、巨骨、肩髃、肩髎、缺盆各 30 秒，中指拨极泉，拇指拨臂桡或按揉臂桡，均以患者得气感为度。

（5）被动运动肩部法：主要是被动屈伸、收展、提拉、摇转法动肩关节，临床运用时根据肩关节具体情况灵活选用，包括推肩拉肘内收法、前屈后伸捏筋法、扣肩揉搓扛动法、下拉上提拔伸法、扣肩托臂后伸法、后伸摸棘动肩法、背后拉肘动肩法、环摇转动肩部法。

（6）叩搓牵抖上肢法：体位同上，医师立于患侧，双手空拳相对用力上下往返叩击、双手掌由上而下搓揉上肢部各 3~5 遍；双手握住上肢前臂远端或大小鱼际部，轻力牵引下抖动上肢数次；再用双手拇指、示指捏肩井穴，多指拿肩部数次。

五、做好预防，让肩周炎远离你

（1）肩部防寒保暖。肌肉也会“热胀冷缩”。冬季早晚出门时，要注意肩颈部保暖；夏天开空调时，也要注意不让冷气直接吹向肩颈部位。

（2）纠正不良姿势。正确坐姿及站姿可以减轻肩颈部负担。在日常生活中应挺胸、直背，维持正确的弧度，让身体处于健康、舒服的状态。

（3）睡觉时需避免侧睡压到患侧肩部。此外，需要注意不要保持同一个姿势太久，以防给肌肉造成较大负担，建议每隔 1~2 小时至少改变一次姿势、活动下身体。

（4）保持健康的生活方式，规律作息，不熬夜；戒烟限酒；长期坚持适度体育锻炼等。

腰椎间盘突出症

一、连续站讲台，为什么我的腰这么痛

“连续站讲台”即为长期积累性损伤。长期不标准姿势站立（如站立前屈位）、久坐、久蹲、长期弯腰、体力劳动等积累性损伤易使脊柱处于过度负荷时，首先使腰背肌长期处于疲劳、紧张状态，可引起腰背肌无菌性炎症，即腰背肌筋膜炎，表现为腰背部疼痛。如果未能及时注意改变不良姿势，久而久之腰背肌痉挛、劳损，可形成慢性腰痛，进而影响腰椎稳定性。腰椎稳定性的丢失，在一定程度上加速了腰椎间盘退变进程。在日常生活及工作中，腰椎间盘反复承受压缩、屈曲、扭转等负荷，不但进一步促使椎间盘退变，而且使纤维环裂隙因积累性损伤而逐步扩大，一次较重外伤或者多次较轻外伤可以使退变髓核组织从纤维环裂隙的薄弱处突出，最终形成腰椎间盘突出症。

久坐易患腰椎间盘突出症

二、出现这些症状，可能得了腰椎间盘突出症

（1）腰痛：腰痛常为首发症状，机制为椎间盘突出刺激了外层纤维环及后纵韧带中的窦椎神经纤维。疼痛一般发生在腰骶部，可出现在腿痛之前，亦可在腿痛同时或之后出现；大多为酸胀痛，可放射到臀部，反复发作，久坐、久站或劳累后加重，休息后缓解。

（2）下肢疼痛：下肢放射性疼痛，多为一侧，极少数患者可表现为双下肢症状；95% 左右患者由椎

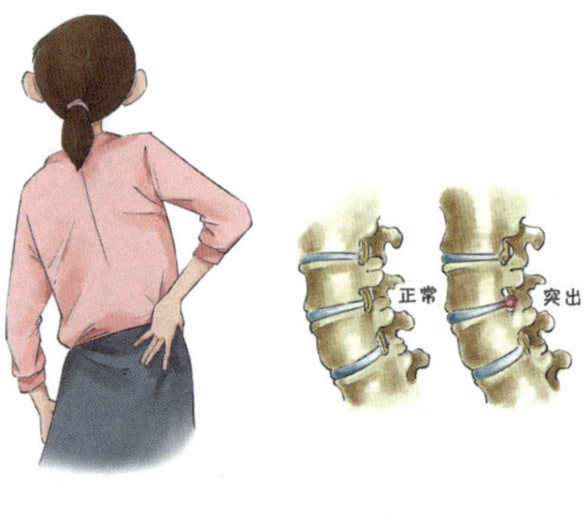

腰椎间盘突出症

间盘突出发生在腰 4 ~ 腰 5 及腰 5~ 骶 1 间隙，故多伴有坐骨神经痛。坐骨神经痛可于站立、行走、打喷嚏或咳嗽等腹压增加活动时症状加重，卧床休息可缓解，有的患者为了减轻疼痛，松弛坐骨神经，行走时取前倾位，卧床时取弯腰侧卧屈髋屈膝位；严重者可伴相应神经分布区域感觉异常或麻木。

（3）马尾综合征：中央型椎间盘巨大突出、脱垂或游离椎间盘组织可压迫马尾神经，出现双下肢及会阴部疼痛、感觉减退或麻木，甚至大小便功能障碍，急性发病时应作为急症手术的指征。

三、这些小问题，造成腰椎间盘突出的大毛病

（1）不良生活及工作姿势：腰椎间盘在脊柱的运动和负荷中承受巨大的应力。随着年龄的增长，椎间盘逐渐发生退变，纤维环和髓核的含水量逐渐下降，髓核失去弹性，纤维环逐渐出现裂隙。在退变的基础上，如跷二郎腿、坐位身体前倾、后腰悬空等不良生活及工作姿势作用下，椎间盘发生破裂，髓核、纤维环甚至终板向后突出，严重者压迫神经产生症状。

不良姿势

（2）损伤：积累损伤是椎间盘退变的主要原因。反复弯腰、扭转等动作最易引起椎间盘损伤，故本病与职业有一定关系。驾驶员长期处于坐位和颠簸状态，以及从事重体力劳动者，因过度负荷，均易造成椎间盘早期退变。急性的外伤可以作为椎间盘突出的诱发因素。

（3）妊娠：妊娠期间整个韧带系统处于松弛状态，而腰骶部又承受比平时更大的应力，增加了椎间盘突出的风险。

（4）遗传因素：有色人种本病的发病率较低。小于 20 岁的青少年患者中约 32% 有阳性家族史。

（5）发育异常：腰椎骶化、骶椎腰化和关节突不对称等腰骶部先天发育

异常，使下腰椎承受异常应力，均会增加椎间盘的损害。

四、疼痛和麻木，哪个症状更严重

麻木比疼痛更严重！腰椎间盘突出症患者千万不能认为起初的下肢剧烈疼痛，久而久之变成下肢麻木了，反倒对生活的影响变小了，窃喜是不是腰椎间盘突出症自行缓解了。这种侥幸心理，万万不可取。一些长期下肢麻木的患者更应高度警惕，给予高度重视，尽早去正规医院寻求帮助，早诊断、早治疗，以防下肢肌肉萎缩、肌力下降甚至引起瘫痪。由腰椎间盘突出症引起的腰腿痛可以引起大小便失禁、肌肉萎缩及下肢瘫痪。

五、这些方法可以治疗腰椎间盘突出症

在临床实践中，80% 的腰椎间盘突出症患者可以通过保守疗法进行治疗，阻止腰椎间盘突出进展，从而避免手术治疗。对于腰椎间盘突出症患者，通过一些常用的保守治疗方法，对预防复发、防止加重、缓解症状都具有一定作用。

1. 健康的生活方式

（1）多卧床休息：对于腰椎间盘突出症患者，症状加重期保守治疗中最重要的一点也是首要的一点就是严格卧床休息。通过卧床休息减轻脊柱和椎间盘受力，减少负重，以缓解腰椎间盘突出压迫，为神经根水肿消退创造条件，而且需要按治疗周期严格卧床，才能起到较好的效果。

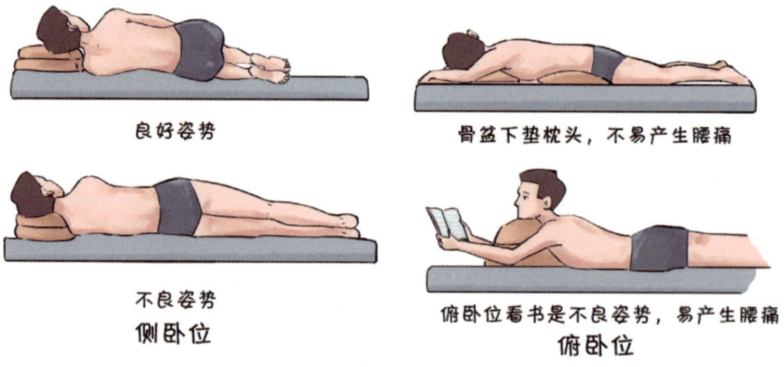

腰椎间盘突出症患者休息姿势

（2）适当调整运动强度和活动方式：应禁止从事可能增加脊柱应力的高冲击性运动，严禁反复旋转和弯腰的运动。要降低运动强度，尤其是剧烈的体育运动，比如跑步、健身、俯卧撑等，这些运动可以增加四肢的肌肉训练，但不利于腰椎间盘突出症的缓解。步行、游泳、低冲击性的有氧运动都是较好的体育锻炼方式。

（3）工作及工作场所的选择：如果可以避免久坐及久站，避免搬动重物，避免旋转腰部动作，则可以继续工作。老师等办公室工作的白领，长时间站立及久坐，容易出现腰椎间盘突出，如果可以控制其工作时长、节奏以及工作时的体位，则可以推荐其尽早回归工作。

（4）正确的姿势：不正确的搬动重物方式，频繁搬动重物或搬动过重的物体都可能导致腰痛的加重。患者应学会正确的弯腰和搬动重物的技巧。搬动重物时，应下蹲，膝关节屈曲，将物体尽量靠近身体，并使腹肌维持紧张以保护腰部较弱的肌肉，防止其拉伤。久坐，腰部长时间呈微屈体位，频繁弯腰的活动均是不利的。

（5）床垫的选择：**通常推荐硬板床，避免过于柔软的床垫，从兼顾舒适度的角度考虑，中等硬度的床垫应是首选。**

（6）护具的使用：腰部的护具可通过限制脊柱活动起到缓解疼痛、预防急性加重的作用。对于腰椎间盘突出症急性期，佩戴支具或支具保护下适当下地活动，是很好的方法之一。但是长时间佩戴腰围，会对腰背肌产生不利影响，在腰椎间盘突出症缓解期，应去掉腰围，开始进行腰背肌功能锻炼。这一点应充分指导好患者，避免长时间佩戴腰围产生负面影响。

（7）其他：建议体重超标患者进行减肥，尤其是对于腹部过于膨隆的患者，其腰部负担往往较大，应适当控制体重。

2. 运动疗法

中等强度的运动可对脊柱产生保护作用，如腰背肌功能锻炼。**不推荐在发病最初的 1~2 周内进行运动疗法治疗，**如症状不再随时间加重，将治疗推迟至症状减轻后，一般推荐为 1 个月时开始进行功能锻炼是较合理的安排，尤其是针对腰部的运动和牵伸不应在发病初期即刻进行，避免腰椎过度负重及应力集中。而对于亚急性或慢性病程的患者，**如果没有危险信号，应鼓励尽早开始运动治疗。**运动疗法既可以预防腰痛的初次发生，也可以防止复发。

（1）核心肌力训练：核心肌力训练可通过协调的方式训练核心肌群以促进腰椎稳定性。主要针对腰椎椎旁肌的锻炼。

（2）方向特异性训练：所谓方向特异性训练，是指根据患者的个体情况，在特定方向的关节活动范围末端进行反复的屈伸牵拉，其中最常见的就是麦肯基疗法。

（3）腰背肌功能锻炼：可采用“小燕飞”等方式进行腰背肌功能锻炼，以及游泳等方法促进腰背肌功能锻炼，同时又不会加重腰椎负重。

（4）身心训练：适当的身心训练可以促进腰椎稳定性及柔韧性的改善，推荐的身心训练方式有瑜伽、太极、游泳，这些运动可以适当进行腰背肌功能锻炼，但不增加腰椎负重，是比较理想的运动方式。这些运动可在腰椎的正常活动范围内进行腰椎韧带、肌肉的伸张活动，有利于进行腰椎柔韧性的改善。同时通过适度的身心训练，可以缓解腰部酸痛不适，及腰部不适带来的焦虑、紧张，减少对于腰痛尤其是腰肌劳损带来的不悦情绪，减少因心理情绪带来的负面影响。

3. 手法治疗

（1）脊柱手法治疗：脊柱手法治疗通过牵伸脊柱结构，使脊柱在正常的生理曲度及活动度范围内，适当进行过度牵伸，但不破坏或损伤脊柱自身稳定性，不超越关节突关节及椎间盘的活动度。

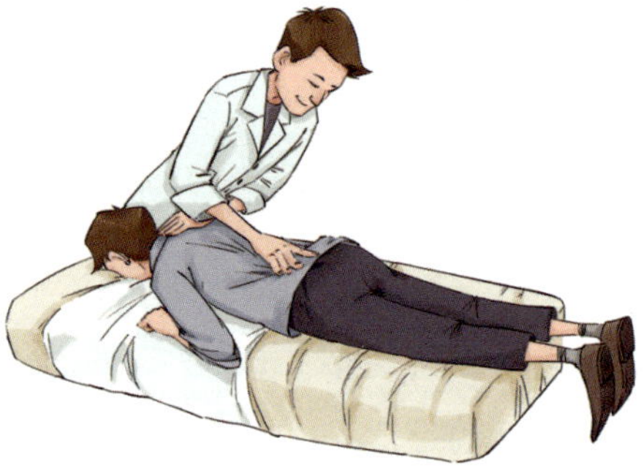

推拿治疗

（2）按摩：按摩是传统的物理治疗方法，有利于缓解腰背部肌肉劳损的症状，主要适用于突出较轻，无神经症状或症状较轻，主要症状以腰痛及腰部活动受限的患者，另外对于腰肌劳损、小关节紊乱的患者，效果较好。其操作简单，可重复性较强，易学易会，效果较好。

4. 牵引治疗

腰椎牵引是传统的保守治疗方案之一，在我国流行和开展历史较为悠久，常见的有皮肤牵引术、骨盆牵拉术，通过牵引减轻椎间盘、韧带、相邻椎体的压力，达到缓解腰部肌肉韧带软组织疼痛及劳损的作用。对于小关节紊乱具有良好的作用，可以通过牵引复位小关节，达到缓解疼痛的作用。

5. 物理因子治疗

（1）热疗：多种热疗法，比如红光治疗、热敷等，可通过舒张皮肤及毛细血管改善局部血液循环、缓解肌肉痉挛改善腰痛。

（2）低中频电疗：低中频电刺激通过弱电的刺激，缓解肌肉和韧带的劳损。可在一定程度上缓解腰痛症状。渗透能力强，穿透力好，对深部组织效果较好，对腰椎间盘突出症有一定疗效。

（3）超声治疗：超声治疗常用于多种肌肉骨骼疼痛综合征的治疗，可应用于腰椎，超声波渗透能力较强，对深部组织有一定穿透能力和加热功能。

6. 针灸治疗

针刺疗法对于腰椎间盘突出症、腰痛症状的患者可以达到缓解疼痛的目的，下肢神经症状的患者，可以结合针灸及电刺激，刺激神经功能的恢复，目前广泛应用于下肢肌力较差的患者的康复治疗。

7. 心理治疗及认知行为疗法

腰椎间盘突出症患者往往存在一定的心理负担及焦虑情绪，心理情绪对于患者的症状及程度有很大的影响。对于慢性疼痛患者，应充分沟通交流，重视其存在的抑郁焦虑，采取心理疏导、病情沟通来促使其心理状况改善，正确认识疾病，积极应对，有助于疼痛的缓解。

六、运动康复能缓解腰椎间盘突出症

腰椎间盘突出症是骨科比较常见的疾病之一，尤其是在中老年人群中更为普遍。单就腰椎间盘突出症而言，各人症状千差万别，即便是同一个人症状亦可变化无常。因此其运动康复锻炼方法也就因人而异，各有不同。

1. 运动康复有三条参考原则

（1）因人而异，量力而行：因为腰椎间盘突出症患者身体素质各不相同，常常呈现出不同症状、体征及影像学表现。比如某些人坚持“小燕飞”，即可慢慢恢复，部分患者做过之后就出现症状加重表现，所以不可盲目照搬他人有效的康复锻炼。

（2）循序渐进：锻炼时间以及每次锻炼量应缓慢逐步增加，动作幅度亦应从小至大，动作难度由易渐难。

（3）持之以恒：“铁杵磨成针”“滴水穿石”，功能锻炼不能急功近利，也不可能一蹴而就。建议每个人找到适合自己的方法，持之以恒，以科学合理的量坚持锻炼。

避免做仰卧起坐、深弯腰摸脚趾，建议急性期静养为主，症状轻微者如果一定要锻炼，请遵循以上原则，出现不良反应要思考原因，并及时调整。

2. 俯卧沉腰法

俯卧在胸前三个枕头与大腿部三个枕头上，腰部不加任何压力自然下沉10~15 分钟。这种姿势可以使腰椎后缘间隙变小，把突出的髓核推入椎间盘间隙内。

3. 仰卧沉腰法

仰卧在高枕上，臀尾骨部垫一个枕头，双腿屈在胸前，双手抱住，腰部自然下沉 15 分钟以上。这种姿势可以使腰椎后缘间隙增大，利用韧带的动力，把突出的髓核推入椎间盘间隙内。

4. 俯卧鱼跃势

患者俯卧在平板床上，腰部挺在板床上，头、足两头向上翘起十次以上。

5. 沉腰锻炼法

对于患腰椎间盘突出症的老年人或体弱患者，无力做俯卧沉腰法和仰卧沉腰法者，可采用患者仰卧在高枕上，臀尾骨部垫一个枕头，使腰部自然下沉的方法进行治疗，也能收效。沉腰锻炼法能有效地防止久坐造成的腰部损伤。

七、减少腰椎间盘突出，这些事项要注意

（1）正确的站立姿势应该是两眼平视，挺胸，直腰，两腿直立，两足距离约与骨盆宽度相同，这样全身重力均匀地从脊柱、骨盆传向下肢，再由两下肢传至足，以成为真正的“脚踏实地”，可有效地防止髓核再次突出。站立不应太久，应适当进行原地活动，尤其是腰背部活动，以解除腰背部肌肉疲劳。

（2）正确的坐姿应是上身挺直，收腹，双腿膝盖并拢，如有条件，可在双脚下垫一踏脚或脚蹬，使膝关节略微高出髋部。久坐之后也应活动一下，松弛下肢肌肉。平时工作生活中要劳逸结合，注意姿势的正确，避免弯腰抬重物。

（3）适当佩戴护腰。佩戴护腰对腰椎间盘突出症患者来说，主要目的是制动，就是限制腰椎的屈曲等运动，特别是协助背肌限制一些不必要的前屈动作，以保证损伤的腰椎间盘可以局部充分休息。

（4）防寒保暖。腰部受寒、受潮很容易让症状加重或复发，患者可以选择既制动又保暖、透气、不积汗的高性能康复护腰来保护腰部。

（5）注意卧具和卧位。过软的床铺在人体重量压迫下可形成中间低、四边高的形状，很容易影响腰椎的生理曲线，使椎间盘受力不均。因此，从治疗和预防腰椎间盘突出症的角度出发，选用木板较为合适，一般使用时应将被褥铺垫得松软合适，这样才能在很大程度上维持腰椎的平衡状态。人的睡眠姿势大致可分为仰卧、侧卧和俯卧。仰卧时，只要卧具合适，四肢保持自然伸展，脊柱曲度变化不大。侧卧一般不必过于讲究左侧还是右侧卧位，因为人在睡眠中为了求得较舒适的体位，总要不断翻身。俯卧位时胸部受压，腰椎前凸增大，最容易产生不适感。所以，一般以采取仰卧位和侧卧位为宜。

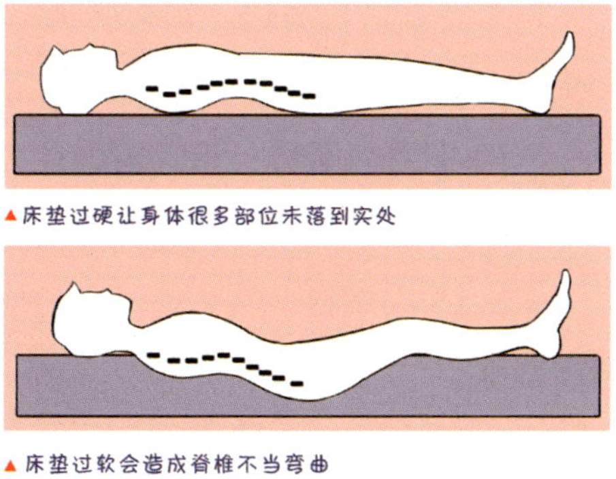

床垫的选择

八、腰椎间盘突出症康复后还能继续运动和锻炼

腰背核心肌群的功能锻炼，被认为是治疗腰椎间盘突出症的有效方法，能够增强腰椎稳定性，可以很明显地减缓腰痛和提升腰背肌力，防止腰椎不稳。

1. 仰卧直腿抬高锻炼

（1）仰卧平躺于地面，背部紧贴地面，双手放在身体两侧。

（2）保持上身稳定，下背部紧贴地面，腹部收缩，双脚交替抬起，感受腹肌持续收缩。

（3）动作过程中保持下背部紧贴地面，不要用背部借力。

2. 俯卧撑

（1）双肘弯曲俯撑在垫子上，脚尖踩地，躯干伸直，头、肩、胯、踝处于同一条直线。

（2）保持腰腹收紧，尽可能多坚持一段时间。

（3）动作过程中保持腰背挺直，核心收紧，尽可能撑久一点，但是一次时间不宜过长，根据自身情况，适当调整时间，主张因人而异，多次少量。

3. 小燕飞

（1）趴在垫子上，手臂紧贴身体。

（2）同时向上抬起双手双脚，至最高点停顿 2~3 秒，尽可能地拉伸身体；缓缓恢复至起始动作。

（3）动作过程中感受背部肌肉的收紧。注意身体协调性。

患者经过自我治疗，腰腿痛基本消失后，再加做加强腰背肌功能的两种姿势。

（1）俯卧鱼跃势：患者俯卧在平板床上，腰部挺在板床上，头、足两头向上翘起，进行腰背肌功能锻炼。

（2）站立搁腿：站立势（手可扶杆），患腿伸直搁起，相当于进行直腿抬高锻炼。

下肢静脉曲张

一、站了二十年讲台，我的小腿上长出了小“蚯蚓”

小腿上竟然长出了一条条小“蚯蚓”！站了二十年讲台的王老师近来总感觉双腿酸胀、沉重、乏力，还有很多青筋突出来，刚开始未在意，可现在小腿这“小蚯蚓”越来越多，到了医院血管外科就诊查看，原来，这是得了“双下肢静脉曲张”，那什么是下肢静脉曲张呢？

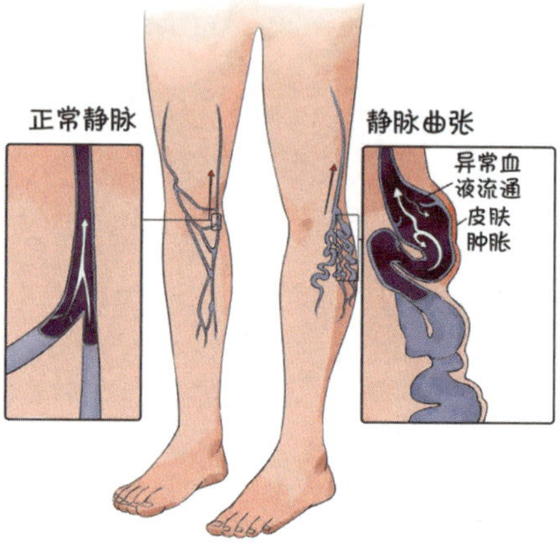

下肢静脉曲张

下肢静脉曲张是临床上的常见病、多发病，通常人们所说的下肢静脉曲张是指单纯性下肢静脉曲张，即原发性慢性下肢静脉疾病，而不是指继发性或先天性慢性下肢静脉疾病引起的静脉曲张，病变多发生在大隐静脉及其属支。由于下肢表浅静脉的瓣膜功能障碍，瓣膜失去了“单向阀门”的作用，血液倒流，随着静脉内血液淤滞及静脉内压力的升高，久而久之就使受累的静脉血管壁扩张、膨出和迂曲，从而呈现出像蚯蚓一样的静脉团或青紫色线条状血管。

二、这些原因，让人得了静脉曲张

总的来说，**下肢静脉曲张主要发病原因是静脉瓣膜缺陷、静脉壁软弱及浅静脉内压力持久升高等。**

部分人群先天性静脉壁薄弱、静脉瓣膜缺陷，这是下肢静脉曲张的遗传易感性，而后天因素往往与职业和生活习惯密切相关，比如，妊娠、肥胖、年长、久站、久坐、慢性咳嗽、习惯性便秘及负荷重物。以往流行病学研究表明年长和女性是下肢静脉曲张的高风险因素。从事职业是静脉曲张发生直接的影响因素，工作中站立的时间越长，则患静脉曲张的风险越高。有意思的是，不同性别，致病因素会有不同的表现，如肥胖主要是女性患静脉曲张的高发病因素，在男性中发病并不这样；经常运动的生活方式对于男性发生静脉曲张具有保护作用，但是对女性则并不明显。

不难理解，下肢静脉曲张的高危人群包括每天站立或坐下的时间超过2小时的职业，如教师、外科医师、护士、发型师、专柜服务员、厨师、餐厅服务员等；口服避孕药及正在怀孕期间的孕妇。

三、有这些症状，就需要警惕是否得了下肢静脉曲张

静脉曲张的症状往往是不断进展的，在不同的发展阶段也表现出不同的症状。大家可以根据下面的“测一测”，看自己是否得了静脉曲张。

测一测

早期表现以症状为主：

□长时间站立后，腿酸胀不适，容易疲劳、乏力。

□晨起时症状较轻，工作忙碌一天后，晚上症状加重。

□有的患者在足踝（也就是我们常说的“脚脖子”）内侧会有麻木和轻度的疼痛感。

□双小腿有类似蚯蚓状蓝色的曲张静脉团块。

晚期表现以曲张静脉引起的外观表现和并发症为主：

□双腿长时间站立后酸胀沉重，甚至影响工作。

□双小腿布满曲张静脉团。

□出现足踝的湿疹、溃疡，由于静脉曲张发展到中晚期出现足踝部的溃疡——俗称“老烂脚”。

有些下肢静脉曲张患者发现自己一条腿粗，一条腿细，这都是怎么造成的呢？

下肢静脉曲张一般以左下肢多见，但双侧下肢可先后发病，发病过程中出现患肢明显肿胀，如下肢静脉曲张C3级，一方面，瓣膜关闭不全导致的浅静脉血流反流，增加下肢静脉压力，使得前浅静脉变得迂曲扩张，给人以肿胀、

粗大的感觉；另一方面，静脉压力的增高也使得血清蛋白渗出及毛细血管周围纤维组织的沉积，引起再回收障碍和淋巴超负荷，导致下肢水肿，更是进一步加重两条腿粗细的不同。

四、这些问题，都是下肢静脉曲张导致的

单纯性的下肢静脉曲张，当病变较重且长期未经治疗时往往会发生更为严重的并发症。这些并发症有时候并不让人联想到静脉曲张，但这些棘手的难题却实实在在是下肢静脉曲张导致的。

1. 血栓性静脉炎

曲张的静脉内血流缓慢，血液淤积，易发生血栓性静脉炎。表现为局部明显疼痛，局部表面皮肤红肿，静脉呈索条状，压痛，范围较大者可发烧。当出现这些表现时，注意卧床休息，抬高患肢，局部热敷或理疗，穿弹力袜，全身使用抗生素，最主要的是及时就医，向专科医生寻求帮助。

2. 湿疹

多位于足靴区，严重搔痒，局部渗液，易继发葡萄球菌或链球菌感染。治疗应保持局部清洁和干燥，可用 1∶5 000 高锰酸钾溶液冲洗；局部避免药物刺激，敷料只用盐水、凡士林油纱布或干纱布；广谱抗生素控制感染；外用弹力绷带或穿弹力袜控制静脉高压。

3. 慢性溃疡的形成

慢性溃疡为最常见的并发症。多发生在小腿下端前内侧和足踝部，溃疡肉芽苍白水肿，表面有稀薄分泌物，周围皮肤色素沉着，皮肤营养状态差、皲裂、脱屑，有皮炎和湿疹样变化。治疗需要卧床休息，抬高患肢、急性期给予抗生素控制感染。若溃疡病程长，面积大，疤痕多而且底面纤维化，溃疡难以愈合，应手术切除溃疡，进行植皮，覆盖创面，并结扎和切断交通支。

4. 急性破裂出血

曲张静脉壁在遇到外伤时，发生破裂出血，因静脉压力较高，静脉壁又无弹性，出血很难自行停止，必须紧急处理，应立即弹力绷带加压包扎，适当抬高患肢，必要时予缝扎止血。止血控制后择期手术治疗。

当出现这些并发症时往往需要**及时就诊**，专科医生进行评估后制订最合适的治疗方案。

五、这几种方法，可以治疗下肢静脉曲张

静脉曲张莫惊慌，治疗法宝心里藏。根据2014年发表的《慢性下肢静脉疾病诊断与治疗中国专家共识》中对于慢性下肢静脉疾病（单纯性下肢静脉曲张属于其中的一种）的治疗推荐，结合自身疾病分级，我们可以更好地面对“小蚯蚓”。

分症状体征（CEAP分级）类	有症状无体征（C0）	毛细血管扩张（C1）	静脉曲张（C2）	水肿（C3）	皮肤改变（C4）	愈合的溃疡（C5）	不愈合的溃疡（C5）
生活方式改变	☆	☆	☆	√	√	√	√
药物治疗	☆	☆	☆	☆	☆	☆	☆
硬化治疗	×	☆	☆	√	√	√	√
加压治疗	☆	☆	☆	☆	☆	☆	☆
手术治疗	×	×	×	×	☆	☆	☆

☆ 强烈推荐　　√ 推荐　　× 不推荐

1. 物理治疗

平卧时抬高患肢，踝关节和小腿的规律踝泵运动增加肌泵作用、增加下肢静脉回流，缓解静脉高压。应用弹力袜、弹力绷带及充气加压治疗等。通过梯度压力对肢体加压，促进静脉回流，缓解肢体瘀血状态。

2. 药物治疗

应用静脉活性药物增加静脉张力，降低血管通透性，促进淋巴和静脉回流，提高肌泵功能，从而改善临床症状。

3. 硬化剂治疗

将一种化学药物注入曲张静脉使静脉发生无菌性炎症继而发生纤维性闭

塞，达到使曲张静脉萎陷的治疗方法，目前主要为泡沫硬化剂治疗。

4. 手术治疗

传统手术如浅静脉高位结扎剥脱术、交通静脉结扎术等，疗效肯定、复发率低、方法简单易行、不需要特殊仪器设备等特点，使其至今仍广泛开展。

六、日常生活学会这几种，轻松预防下肢静脉曲张

预防“蚯蚓”有妙招，开开心心秀美腿！

（1）**预防下肢静脉曲张的关键在于健康用腿，**也就是说，需要长期站立或坐着的人群，不能保持一个姿势长时间不活动。应当每隔 20 分钟左右活动活动双腿，或者换一个姿势；避免“跷二郎腿”，常做抬腿及勾脚运动。

（2）保持健康的生活习惯，饮食生活中避免酗酒和进食辛辣食物。

（3）规律的运动习惯，骑自行车、慢走等活动时腿部肌肉收缩，促进静脉血液回流。

（4）避免腹内压增高，保持大便通畅，腹压的升高使下肢静脉压力升高，进一步加重下肢血液回流障碍。

（5）肥胖者应有计划减轻体重，过重的分量压在腿上可造成腿部静脉回流不畅，使静脉扩张加重。

（6）戒烟，吸烟使得血液变得黏稠，易淤积。口服避孕药也有类似作用，应尽力少服用。

（7）休息时垫高下肢，配合按摩腿部，更能促进血液回流。

七、静脉曲张袜，薄薄袜子大功劳

前面已经提到下肢静脉曲张的治疗手段有很多，有些朋友就会疑惑，现在有静脉曲张，并不严重，又不想手术，我该如何是好呢？其实加压治疗不失为一个良策，这其中被提及和应用最多的便是**静脉曲张袜。**

静脉曲张袜是一种可以促进下肢静脉血液回流心脏的产品，它是一种可以治疗静脉曲张类疾病的医用器械。它不是普通的袜子，穿上之后在不同的部位是有不同的压力的，其在脚踝部建立最高支撑压力，顺着腿部向上逐渐

递减，在小腿肚降低到最大压力值的 70%~90%，在大腿处降低到最大压力值的 25%~45%，压力的这种递减变化可使下肢静脉血回流，有效地缓解或改善下肢静脉和静脉瓣膜所承受的压力。

静脉曲张袜的作用机制便是适度缩小静脉管径，增加流速，并使本来关闭不全的瓣膜合拢，缓解静脉反流；协助小腿肌泵工作，促进静脉回流；适度压瘪曲张静脉，减少血液瘀滞；增加静脉周围组织间隙压力，预防血管内成分渗出。

静脉曲张袜不光应用于下肢静脉曲张，在以下疾病中也能发挥较好的应用效果：①深静脉瓣膜功能不全：可减轻水肿，控制病情发展；②静脉血栓；③淋巴回流障碍，减轻水肿；④运动员：可减轻运动中下肢酸胀疲劳感，增加耐力，减少乳酸积聚，缩短运动后恢复时间；⑤正常健康人群：减轻下肢酸胀疲劳感，尤其是久站久坐的职业。

根据不同程度的静脉曲张，可以选择不同级别的静脉曲张袜。

分类	病理表现
一级中压初期治疗型（20~30毫米汞柱）	适用于静脉曲张初期患者
二级高压中度治疗型（30~40毫米汞柱）	下肢已经有明显的静脉曲张（站立时静脉血管凸出皮肤表面），并伴有腿部不适感的患者（如下肢酸乏肿胀、湿疹瘙痒、抽筋发麻、色素沉着等）、静脉炎、怀孕期间严重静脉曲张、静脉曲张手术后（大小隐静脉剥脱术）患者、深静脉血栓形成后综合征患者
三级高压重度治疗型（40~50毫米汞柱）	下肢高度肿胀、溃疡、皮肤变黑变硬、高度淋巴水肿、整形抽脂术后恢复期等患者

根据个人体重胖瘦，需要选择不同静脉曲张袜型号。

在日常使用过程中，最好**每日早上起床时穿上，晚上睡前脱掉，不过注意哦，中午卧床休息的话也是需要脱掉的。**

八、得了静脉曲张，这样日常护理最有效

下肢静脉曲张患者的日常护理重在坚持。日常护理主要有以下几个方面。

（1）避免过紧的衣物鞋袜，坚持穿静脉曲张袜。

（2）新鲜水果、蔬菜所含有的大量维生素及矿物质有抗氧化、清除自由基、增加血液循环的作用；高脂肪及高热量食物会加剧肥胖，增加血液黏稠度，不利于静脉曲张的恢复，因此，应注意饮食，保持正常体重。

（3）需要久坐备课、久站讲课的教师一定要记得定时活动下肢，改变姿势等；课间休息时或下班回家后都可以垫高下肢，做好小腿按摩，使下肢得到充分的休息。

（4）定期外出进行骑自行车、慢走等，积极激发小腿肌肉泵作用，加快静脉血液回流。

（5）当疾病逐步进展，出现明显的迂曲浅表静脉时，一定避免足部、小腿部碰伤，这些迂曲血管往往管壁较薄，轻度损伤即引起破裂出血，且这种出血不易停止。考虑到由于静脉曲张的局部血液循环障碍，一旦皮损破裂，常不易痊愈，糜烂溃疡处往往易于感染，从而引发更为严重的并发症。过度搔抓亦会引起上述损害。因此，静脉曲张患者应避免小腿部碰伤及过度搔抓。

（6）当出现明显溃疡、皮炎时做好皮肤湿疹和溃疡的治疗及换药，促进创面愈合，预防创面继发感染。

下肢静脉曲张是缓慢进展的疾病，**往往越早治疗，治愈的可能性就越大。**因此，建议患有下肢静脉曲张的教师尽早到专科医院咨询治疗。

头　痛

一、什么是头痛

头痛是指局限于头颅上半部的疼痛，当然颌面痛和枕颈痛可以放射蔓延到头部，此时也可以称之为头痛，如青光眼先有眼眶痛后至眶额部疼痛，颈源性头痛先有颈枕部痛后蔓延至枕顶部。头痛是一个十分常见的症状，每一个人在一生的经历中都可能有过头痛的体验。据报道，在4634名被调查的健康人中，有64.8%的人曾发生头痛，其中18%因头痛而就诊。近几年，国内对偏头痛做过大量的流行病学调查。结果表明，偏头痛的患病率为（179~985）/10万，男女之比为1∶（2.6~4）。人的一生中从未头痛的不到1%，很多人未能及时、正确就医，许多患者针对头痛的认识存在误区。不少头痛患者至今仍在错误用药，导致头痛迁延不愈，并发抑郁症或增加心脑血管疾病发作的危险。

二、为什么会头痛？我们的大脑是如何感受到头部痛觉的

颅内、外的疼痛敏感结构受到某些因素的刺激并达到一定的程度就会导致我们感觉到头痛。引起头痛的因素很多，有物理、化学、机械、内分泌和精神性因素等。如细菌感染及其毒素引起的头痛，属于生物化学性因素；向椎管内注射某些药物，是化学性刺激因素；颅内血肿、脓肿或肿瘤，达到一定大小而引起头痛，是机械性因素；情绪心理变化引起头痛则为精神因素。各种疼痛因素的刺激作用于神经末梢的痛觉感受器，而后产生冲动，经痛觉传导通路（传入神经纤维）向中枢传导，最终传导至大脑皮层，由大脑皮层综合分析而感知疼痛。

三、头痛分类

临床分类一般按病因把头痛分为原发性和继发性两部分。病因迄今尚不明确及没有神经系统阳性体征者的头痛称为原发性头痛，原发性头痛包括偏头痛、紧张性头痛、三叉自主神经痛等，原发性头痛除了为排除其他疾病，一般做头颅的CT、核磁检查没有实际意义。继发性头痛则包括所有病因明确

的疾病引起的头痛，如高血压性头痛、蛛网膜下腔出血性头痛、感冒性头痛、颈源性头痛、鼻源性头痛、咽源性头痛、发热性头痛、尿毒症性头痛等。

测一测

（1）偏头痛。

（2）紧张性头痛。

（3）三叉神经自主神经性头痛。

（4）其他原发性头痛。

（5）缘于头颈部创伤的头痛。

（6）缘于头颈部血管性疾病的头痛。

（7）缘于颅内非血管性疾病的头痛。

（8）缘于某种物质或物质戒断性头痛。

（9）缘于感染的头痛。

（10）缘于内稳态紊乱的头痛。

（11）缘于颅、颈、眼、耳、鼻、鼻窦、牙、口或其他面、颈部结构的头面痛。

（12）缘于精神障碍的头痛。

（13）痛性颅神经痛和其他面痛。

（14）其他头痛。

四、头痛与性别、年龄的关系

根据头痛的流行病学调查和病例总结发现，头痛与性别、年龄有关。头痛因复杂，种类颇多，不同种类的头痛与性别有不同的关系。如偏头痛的女性患者中发生率高，男女之比 1：(2.6~4)；而簇集性偏头痛则男性居多；常见的慢性头痛如肌紧张性头痛，以女性青壮年多见。脑血管疾病所致的头痛，总体来说，男性略多于女性。高血压病引起的头痛，头痛严重程度与血压之高低无平行关系，但与血压波动有密切关系。青壮年高血压患者头痛发生率高于老年人，女性稍多于男性。眼部疾患所致头痛，以女性多见，可能与青光眼的女性发生率高有关。

有研究显示，在与头痛相关的因素中，头痛与年龄结构有一定的关系。比如偏头痛多发于青年女性。因脑供血不足、高血压所致的头痛多见于中年以上者，脑血栓形成、脑出血和蛛网膜下腔出血好发于中老年，故由这些疾病引起的头痛亦多发于中老年。脑瘤所致头痛以青壮年多见，颅内动脉瘤多发于20~60岁。普通血管性头痛、肌紧张性头痛多见于中青年。神经机能性头痛也多见于青壮年。颞动脉炎性头痛多见于老年。

头痛

五、头痛性质分类

头痛是患者对致痛因素的客观反映，凭借健全的感觉系统而体验，医师必须依靠患者生动形象的描述才能知道。头痛在每个患者身上表现有所不同，有时患者也很难说清楚疼痛的具体滋味，常常辅以形象的手势或比喻。根据众多患者的重复和经验，可把头痛的性质归纳如下。

（1）胀痛。胀痛为一种钝性疼痛，多呈全头痛，疼痛的同时伴有头胀大的感觉，或伴以头昏、头沉。常见于神经性头痛、普通型偏头痛、脑积水、头部器官疾病所致的头痛及高血压、脑慢性缺血、头部外伤后头痛等。

（2）钝痛。钝痛痛势缓慢，呈持续性，是多种疼痛的概括（如胀痛、紧压痛等），多见于慢性疾患所致的头痛，由不敏感的致痛组织所致。

（3）搏动性痛（跳痛）。搏动性痛呈规则的搏动性，与脉搏跳动相一致。常见于血管性头痛以及感染、中毒、中暑、头部器官疾患引起的头痛等。

（4）紧压痛。头痛伴有束紧感、压迫感。见于肌紧张性头痛、癔症性头痛、颈椎病性头痛等。

（5）锥痛（或钻痛）、刺痛。在持续性隐痛的过程中，出现的尖锐的、不连续的快速疼痛，重者如锥，轻者如刺。多见于神经血管性头痛、颅神经痛等。

（6）灼痛。在尖锐疼痛的同时伴有灼热感。见于颅神经痛（如三叉神经痛）、偏头痛、癔症性头痛。

（7）牵掣痛。头痛连及周围组织，如有物牵拉，相互加重，甚至有抽动样痛。见于肌紧张性头痛、占位病变所致的压迫性头痛等。

（8）刀割样痛。系尖锐连续性剧痛，似刀割样，呈持续性疼痛阵发性加剧。见于蛛网膜下腔出血、急性脑膜炎等疾病早期。

（9）电击样痛。电击样痛为短促而剧烈的锐利疼痛，持续时间为数秒至数分钟不等。见于颅神经病，如三叉神经痛、舌咽神经痛、枕大神经痛等。

（10）捶打痛。捶打痛为一种不连续的、似重物敲打一样的钝性疼痛。较搏动性头痛频率慢，疼痛程度更重。见于高血压性头痛、月经期头痛、偏头痛等血管性头痛。

六、头痛部位与病程长短

1. 头痛部位

从解剖学上来看，头部的神经和血管分布有一定规律性。当然，它们具有多级分支，当某一个或几个分支有了病变或受到损害时，就可以首先出现该部位的头痛，如一侧三叉神经第一支分布区有病变，则疼痛主要位于病变侧的神经分布区。通常由颅外病变引起的头痛部位与病变侧相一致，或位于病灶附近，常见的眼源性头痛、鼻源性头痛和牙源性头痛，疼痛部位大多与这些器官相连。如青光眼引起的头痛，多位于眼周围或眼睛上部（额眶部）。一侧枕大神经病变时，疼痛主要位于该侧枕颈部。

然而，头颅深部病变或颅内病变时，头痛部位与病变部位不一定相符合。小脑幕以上的病变，头痛多位于病变同侧，以额部为主，多向颞部放散。小脑幕以下病变（位性病变多见），头痛多位于后枕部。垂体瘤或蝶鞍附近的肿瘤所引起的头痛，多发生于双颞部（太阳穴附近）。颅内的感染、出血性病变（如脑膜炎、蛛网膜下腔出血等）和颅外感染性疾病多为全头痛，多呈弥散性，很少呈放散性。颈肌纤维组织炎时，头痛主要位于枕颈部，且与头颈活动有密切关系。

2. 头痛的病程长短

临床上会经常遇到一部分头痛患者病程反复发作，另一部分是患头痛数日或数周不愈；还有刚发生的头痛，急而重，持续数分钟、数十分钟不等。

头痛若发生快（以分钟计算），且呈持续性，既往无类似发作，又伴有部分体征者，常见于动脉瘤或血管畸形等所致的颅内出血；但是，虽然头痛发生快，但持续时间短而无体征，又是反复多次发作者，应想到可能是偏头痛。慢性持续性头痛，以器质性病变引起者居多，往往伴有神经系统局灶性体征。如脑瘤、颅内血肿、颅内压增高等，常呈持续性、进展性头痛，也可伴有可长可短的缓解期（这类头痛要高度重视）。持续数日者，可见于耳源性头痛、鼻（包括鼻旁窦）源性头痛、牙源性头痛，或腰穿后引流性头痛；紧张性头痛可呈连续性，或轻或重，连绵不断数月、数年，且随情绪或体内外多种因素而变化。

头痛之病程长短与病情轻重或预后有一定关系，但又不是平行相关，如紧张性头痛，尽管头痛病程很长，但其后果并不严重，预后良好。又如蛛网膜下腔出血所致的头痛，尽管头痛发生时间并不长，但病情却较重，预后也相对险恶。

七、头痛和这些情况有关系

1. 头痛与季节变化的关系

临床上有部分患者告诉医师，头痛与季节有明显关系，比如“每年到春季或夏季头痛即发作”。流行病学调查发现，**北方以夏季的发病率最高，而南方以春季最高，**显示出湿热并存的气候条件与偏头痛的发作有密切关系。还有调查发现，在偏头痛的 6 种诱因中，气候居首位。春夏季比秋冬季多发，提示温度升高时易诱发偏头痛发作。在对三叉神经痛的调查中，发现其诱发因素与季节变化亦密切相关，以秋末冬初时多见。紧张性头痛除与情绪变化有关外，也与睡眠不足有关系，往往在夏季症状重。

2. 头痛与遗传因素的关系

有关偏头痛的遗传问题，国内外已有许多报道。据流行病学调查，偏头痛的遗传患病率占20%~80%。其遗传规律多数符合常染色体显性遗传，少数病例呈常染色体隐性遗传和多基因遗传。**遗传组典型性偏头痛，女性占多数，由母亲传给女儿，可隔代遗传，男女皆可发病。**其中典型偏头痛有遗传家族史者约51%，普通型偏头痛约为21%，两者有显著差别；父母双方皆患偏头痛，其子女发病率高达76.5%。有阳性家族史的偏头痛患者，发病年龄较早，病程也长于普通型偏头痛组。

精神因素引起的头痛，其发生与心理素质和环境因素有关。其遗传倾向不像偏头痛那么明确。不良的精神刺激、心理压抑、精神紧张或疲劳者易于发病。反之，精神放松和情绪愉快则对这类型的患者大有益处。

3. 头痛与情绪的关系

很多人也许都有这样的经历，每当工作上、生活中碰到种种不快，或是生气、愤怒、激动、焦急之后总会感到全身不适，头也会隐隐作痛。这种症状在高血压、脑动脉硬化、神经官能症患者身上尤为突出。同时，头痛时也常使人烦躁不安和易激惹。这是怎么回事？原来在人的大脑中，存在着一个主管情绪活动的高级中枢，称为“边缘系统”，包括海马回、杏仁核、隔区、皮质联合区及部分丘脑等结构。边缘系统也是主要的自主神经功能整合中枢，它和大脑皮质各区、丘脑及网状结构都有密切的关系。实验研究表明，边缘系统中含有大量的神经递质，它们在致痛和镇痛过程中发挥着作用。研究还发现，海马回能接受躯体的各种感觉刺激，并引起相应的情绪反应。于是不难看出，情绪改变时头痛是有边缘系统参与的。

4. 头痛与环境因素的关系

科学家们发现，除去器质性病因（如肿瘤、脑血管意外、脑感染性疾病等），环境因素是导致头痛的主要因素。环境因素具体包括以下几方面：

（1）地理。我国头痛的高发区主要位于西北、西南的大部分地区，患病率超过1 500/10万。我国东南沿海及东北、华南地区则为低发生区。

（2）气候。温度及湿度与头痛发生有极密切的关系，因为随温度和湿度的增加，头痛患者人数也会增加。我国南方春季、北方夏季均是患病高峰期，恰好此时气候特点为温度高、湿度大。另外，头痛常发生在一天中温度最高的白天，提示温度改变对头痛的影响较湿度更为显著。

（3）食物结构。喜食高脂性食物，特别是动物脂肪如肥肉等易患头痛；喜甜咸食者比素淡食者容易患头痛。沿海渔民或城市中喜食鱼虾者头痛患病率低，可能与海洋生物体内含有抗血小板聚集功能的物质有关。

（4）工作、职业。凡从事脑力劳动者，生活不规律者，精神高度紧张者，或是在高噪声、光线过强或过暗的环境中长时间工作者，头痛患病相对较高；而从事农业、机关和管理工作者头痛患者相对较少。

（5）生活习惯。生活相对规律，按时起居者头痛患病率低，而长期睡眠不良者患病率高；工作劳累、用脑过度又得不到及时休息者容易出现头痛。此外，生活不规律伴有不良嗜好（吸烟、酗酒）者，更容易诱发头痛。

（6）社会环境。由于高速度、快节奏的工作，单调的生活方式，或是社会不安定、生活缺乏保障等，以及人际关系中的猜疑、不信任、妒忌，都会造成人们精神上长期压抑、紧张和焦虑，从而诱发头痛。

5. 吸烟与头痛的关系

现代医学研究已证明，吸烟和被动吸烟与头痛有一定关系，但也不是指所有的吸烟者都头痛。在燃烧的烟草中，存在着烟焦油、烟碱（俗称尼古丁）、二氧化硫、一氧化碳以及一些致癌物质等。其中烟碱对血管的张力、血液流变学变化有影响，会造成血液高黏、高凝状态，血小板易聚集等。血液流变学异常本身就可造成头痛。再者，烟雾中的一氧化碳可以和氧竞争与血红蛋白结合的机会，而形成大量的碳氧血红蛋白，造成血中氧饱和度及氧分压下降，使脑组织供氧不足，引起脑血管扩张而致头痛。

6. 头痛与饮酒的关系

很多人在饮酒后，尤其是在醉酒后会出现头痛。这是因为饮酒会降低脑血流量，使脑组织缺血、缺氧，从而使大量脑局部代谢产物如乳酸、氢离子、钾离子、腺苷、前列腺素、儿茶酚胺类物质潴留，导致脑血管扩张而引起头痛。此外，进入体内的酒精能使血液的纤溶能力下降，凝血因子活性增高；还能导致血小板生成异常，小血管麻痹，其张力和通透性发生异常改变。有些酒类（如啤酒、果酒、米酒等）富含一种称为酪胺的物质，极易诱发头痛。

这是由于酪胺属儿茶酚胺类物质，能刺激交感神经末梢释放去甲肾上腺素，它具有收缩血管和升高血压的作用，从而导致头痛。

醉酒可致头痛

7. 头痛与月经的关系

一般在门诊主诉头痛的患者中，女性患者占大多数，约为男性患者的3~4倍。女性患者中又有相当一部分人是在月经期前后发生头痛的。根据我国不同地区的流行病学调查，与月经有关的头痛，占因头痛就诊女性的16%~17%。

当然并非所有的女性在行经期都会发生头痛，这只是对那些疼痛阈值较低而又具有易感倾向的部分人而言。对于这样一些女性，在月经期前后适当服用一些当归、阿司匹林、吲哚美辛等活血止痛的药物，对预防和缓解头痛是有一定作用。

8. 头痛与睡眠的关系

睡眠与头痛的关系，用寥寥数语是难以说清楚的。但是因用脑过度或未能及时休息而出现头痛、头晕的经历，恐怕大部分人都有过，甚至有人少睡2~3小时就会头痛，“不懂得休息就不懂得工作”，说的就是这个道理。由此可见睡眠与头痛关系很密切。在对偏头痛的流行学调查中，专家们把睡眠不良也列为“危险因素”。

中枢神经递质也参与睡眠过程，并发挥相应的作用。由于这些物质的分泌水平受生物钟的调控，异常的睡眠会造成神经递质的活动规律以及合成代谢等方面的紊乱。其中有些物质（如儿茶酚胺类物质）既有递质的功能，其本身又是神经末梢的致痛物质。它们的代谢异常，一旦造成局部过多蓄积，而又导致了交感和副交感神经平衡功能失调时，自然就会诱发头痛。

9. 头痛与感染发热的关系

感染发热时，全身不适，如酸懒、疲乏、肢体无力、头痛、鼻塞等症状随之而来，体温增高后，头痛就像戴箍一样发紧发沉，前额、枕部或双侧头部经常出现钝痛、胀痛或跳痛。

发热是如何导致头痛的？发热时机体原有的各种平衡条件被打乱，新陈代谢过程加速，产热增加；同时体内储存的糖原、脂肪、蛋白质等分解消耗增大，产生许多有害代谢产物如乳酸、二氧化碳、腺苷、钾离子等；发热时交感神经处于兴奋状态，还能产生大量儿茶酚胺。这些物质都有致痛和扩张血管的作用。血管扩张而牵拉血管的痛觉末梢神经，从而引发头痛。

另外，致病因素本身也能直接引起头痛，如上呼吸道感染累及鼻旁窦导致鼻源性头痛；病原体毒素直接作用于血管可造成小血管扩张麻痹，通透性增加；感染侵犯脑膜可以引起炎症反应和颅压增高性头痛。

脑卒中

一、什么是脑卒中

脑卒中就是指急性起病，由于脑局部血液循环障碍所导致的神经功能缺损综合征，症状持续时间至少24小时，但仅仅只有几分钟或数小时的症状也应引起高度重视。脑卒中引起的局灶性症状和体征，与受累脑血管的血供区域一致。分为缺血性脑卒中和出血性脑卒中两大类。

脑卒中名称很多，如“脑中风”“脑血管意外”“脑血管病”。它犹如自然界的风一样“善行多变”，所以，中医把这类病称为“脑中风”。

据世界卫生组织统计，全球每6秒就有一人死于中风，每2秒就有1人发生脑卒中，并且不分年龄和性别。过去一般认为脑卒中多发生于老年人，但现在发病年龄呈现越来越年轻化，由于不断变化的生活环境和不良的生活习惯，三四十岁突发脑卒中的患者也越来越多，年轻人患脑卒中的危险因素除了高血压、酗酒、吸烟、夜生活过度、高脂肪饮食外，还有代谢异常、血液病、心脏疾病、先天性疾病、免疫系统疾病等因素，据相关调查，脑卒中患者中，白领以及技术人员等脑力劳动者是发病最高人群。教师的工作特点也注定其是脑卒中的高发人群。多坐少动，工作压力大也是容易诱发脑卒中的一个关键因素。因此，纠正不健康的生活方式，以及积极查找原发病并治疗乃是青年教师远离脑卒中的关键。

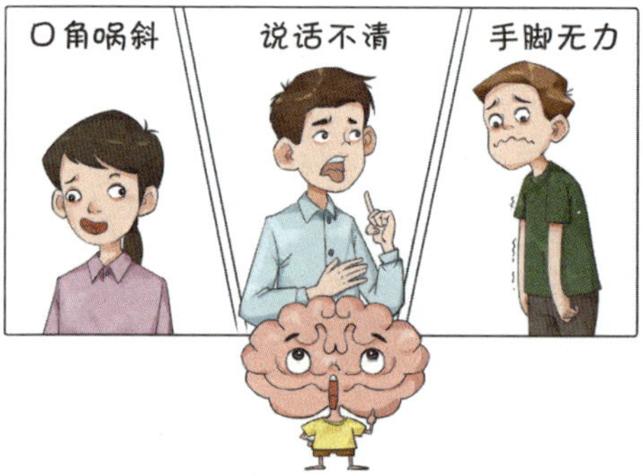

脑卒中

二、脑卒中有什么表现

无论是缺血性脑卒中还是出血性脑卒中，起病急，都会造成不同程度的脑组织损害，发病时会出现一种或多种症状。

（1）突然口眼㖞斜，口角流涎，说话不清，吐字困难，失语或语不达意，吞咽困难，一侧肢乏力或活动不灵活，走路不稳或突然跌倒。这是由于脑卒中供血不足，运动神经功能障碍引起的。

（2）突然出现剧烈的头痛，头晕，甚至恶心呕吐，或头痛头晕的形式和感觉与往日不同，程度加重，或由间断变成持续性。这些征兆表示血压有波动，或脑功能障碍，是脑出血或蛛网膜下腔出血的预兆。

（3）面、舌、唇或肢体麻木，也有的表现眼前发蒙或一时看不清东西，耳鸣或听力改变。这是由于脑血管供血不足而影响到脑的感觉功能的缘故。

（4）意识障碍，表现为精神萎靡不振，老想睡觉或整日昏昏沉沉。性格也一反常态，突然变得沉默寡言，表情淡漠，行动迟缓或多语易躁，也有的出现短暂的意识丧失，这也和脑缺血有关。

（5）全身疲乏无力，出虚汗，低热，胸闷，心悸或突然出现打嗝、呕吐等，这是自主神经功能障碍的表现。上述症状，不一定每个患者均有表现，但只要有症状出现，就是中老年人脑卒中警报，要特别警惕。此时，应让患者保持安静，及时卧床休息，避免精神紧张，尽量少搬动，最好就地治疗。必要时应在患者平卧的情况下送医院就诊治疗。

三、脑卒中发病率为什么居高不下

脑卒中之所以居高不下，是大多数人仍然没有真正了解它，对它的认识存在误区。主要原因是**没有真正认识，采取有效预防手段，错误观念和不健康的生活方式是导致这一问题最主要、最基础的原因。**如膳食 、运动、嗜好等方面。这也是多种慢性非传染性疾病所共同具有的危险因素。另外，高血压、高血脂、高血糖都可以诱发脑卒中，这些慢性非传染性疾病又统称为生活行为方式病。它涉及日常生活的方方面面，对人们的健康影响重大，同时因为它的普遍性和习以为常，许多人并不觉得生活行为方式对健康的影响有多重要。所以，错误的观念和不健康的生活方式成了“隐形杀手”。另外，某些器质性病变如心脏卵圆孔未闭、房颤，也可以引发脑卒中。

四、如何预防脑卒中

1. 脑卒中可防可治

脑卒中是可以预防的。我们要改正错误的观念和不健康的生活方式，有意识地避免脑卒中的危险因素；另外，对体内已经形成的病理变化，如颈动脉斑块造成狭窄等，要引起重视，定期进行脑卒中筛查，及早发现问题，做到早诊断、早治疗，就可以有效防止脑卒中的发生。脑卒中发生后，超过一定时间（约为 3 小时）脑组织即发生坏死，通常无法在有效的时间内进行救治。只要脑卒中发生后及时救治，有些患者的病情完全可以缓解甚至恢复正常，不留下任何后遗症。

2. 做好一级预防

所谓脑卒中的一级预防是指疾病发生前的预防，即通过早期改变不健康的生活行为，积极主动地控制各种致病的危险因素，从而达到使脑血管病不发生（或推迟发病年龄）的目的。脑卒中的发生与生活饮食习惯有着密切的关系，如高盐高脂饮食、吸烟、饮酒、缺乏体育锻炼等都已证实是导致脑卒中的危险因素。因此，**脑卒中的预防要以“健康四大基石”为主要内容，即“合理膳食，适量运动，戒烟限酒，心理平衡”**。应重点注意以下 4 点：

高血压

（1）高血压患者，应注意控制高血压，坚持服用降压药物。

（2）高胆固醇血症患者，应注意控制胆固醇，坚持服用降血脂药物。

（3）糖尿病患者和高危人群，就积极防治糖尿病。

（4）心房纤维性颤动或有其他心脏疾病者，应控制心脏病等危险因素。

日常生活行为要注意以下 10 点：

（1）饮食要清淡。

（2）适度增加体力活动，不要超量运动。

（3）克服不良嗜好，如戒烟、限酒、久坐等。

（4）防止过度劳累、用力过猛。

（5）老年人应防止体位改变、便秘。

（6）注意气候变化。

（7）每天饮水要充足。

（8）看电视、上网等时间不要太久。

（9）保持情绪平稳。

（10）定期进行健康体检，发现问题早防早治。

总之，脑卒中对人类生命和健康的威胁是十分严重的，但如果大家都能清楚地认识它的危险因素并积极加以预防，脑卒中的发病率定会下降。

五、改善饮食，适量运动，预防脑卒中

1. 改善饮食

我国居民的饮食习惯与西方人差别较大。近年来由于生活水平的普遍提高，人们的饮食习惯正在发生较大变化，高盐可使血压升高并促进动脉硬化形成，是引起脑卒中的主要危险因素之一，很多研究都有确认它与脑卒中的发生密切相关。

我国国民每天吃肉食的比例明显上升，特别是动物性脂肪的摄入量增长较快，而且脂肪和胆固醇的摄入量远高于西方人，容易患有高胆固醇血症，这也是引发脑卒中的主要危险因素之一。

《中国脑卒中防治指南》建议：限制食盐摄入量（＜ 8 克 / 天），胆固醇的摄入量每天应＜ 300 毫克；提倡多吃蔬菜、水果类、牛奶、鱼、豆类、禽类和瘦肉等，使能量的摄入和需要达到平衡。改变不合理的膳食习惯，通过吃谷类和鱼类（含少量不饱和脂肪酸）、蔬菜、豆类和坚果以减少饱和脂肪的摄入量。我们每天的饮食习惯应坚持“十个网球原则”，即“一个网球的肉类，两个网球的主食，三个网球的水果，四个网球的蔬菜”。

2. 适量运动

运动是健康的第一要素。现在绝大多数人运动不足，仅有 20% 的人群有经常性的运动锻炼，绝大部分人群是不锻炼或者偶尔锻炼。近 20 年，超重的人数增长了 40%，肥胖的人数增长了 80%，而超重和肥胖是所有慢性病最主要的危险因素。

生命在于运动，经常运动的人患脑卒中的概率明显减少。据统计，40 岁后的男性积极运动比不活动的同龄人发生脑卒中的危险低 30%，运动能够增强心功能，改善血管弹性，促进全身的血液循环，增加脑的血流量。运动能够扩张血管，使血流加速，并能降低血液黏稠度和血小板的聚集性，从而减少血栓形成 。运动可以促进脂质代谢，提高血液中高密度脂蛋白胆固醇的含量，从而可以预防动脉硬化。

在实践中，以每天快走 30 分钟为例，患脑卒中的危险可降低 30%。快走是指在 12 分钟内需走完 1 公里的距离。增加体力活动的方法和形式有很多种，比如骑自行车、慢跑、爬山、练太极拳等。每个人可根据自己的体力情况和喜好，选择适合自己的运动。每次活动的时间在 30~60 分钟为宜，最好能长期坚持。

六、这些因素会导致脑卒中

1. 发病与季节的关系

脑卒中在春夏或秋冬季节变化时容易发作。每年进入冬季，只要气温一下降，不少人就因防备不及而发生脑卒中等疾病。天气变冷时，特别是冬春季节，气温偏低，人体血管收缩明显，血压增高，危险因素控制不佳的情况下，容易发生心脏血管事件。夏季天气较热，血管相对处于扩张状态，一般人认为发生脑卒中的概率会减少，其实也不尽然。当气温较高时，人体大量出汗以降低体温，水分消耗多，容易造成体内缺水，血液浓缩相对黏稠，血流减慢，也容易诱发脑卒中。所以，特别是对有危险因素如高血压、糖尿病、动脉硬化的人，在冬季的时候要注意保暖，常到阳光充足的地方晒晒太阳，天冷时减少户外活动。夏天时要避免大量出汗，并要及时补水。

2. 肥胖对脑卒中的影响

一个人的体重超过标准体重的20%称为肥胖。计算标准体重有一个简单的公式，就是标准体重（千克）等于身高（厘米）减去105，如一个人的身高为165厘米，他的标准体重：165–105=60（千克）。肥胖按其程度不同，分为轻度、中度和重度三种。肥胖程度超过标准体重的25%~34%为轻度，超过标准体重的35%~49%为中度，超过标准体重59%以上者为重度。许多资料表明，肥胖者发生脑卒中的机会比一般人高出40%，突然死亡率是一般人的1.86倍。主要是因为肥胖者多伴有内分泌紊乱，血中胆固醇、甘油三酯含量增高，高密度脂蛋白降低，容易发生动脉硬化。

此外，肥胖者又易引起糖尿病、冠心病和高血压等疾病，这些都是脑卒中的危险因素。由此可见，肥胖不可轻视，预防脑卒中应注意控制饮食，减少进食量及高脂肪饮食，增加活动量，减少肥胖的发生。

3. 吸烟对脑卒中的影响

到现在为止，我国男性吸烟率大概占到50%。许多研究认为，吸烟是许多心脑血管疾病的主要危险因素，吸烟者的冠心病、高血压、脑卒中及周围血管的发病率均明显升高。据报告，吸烟者发生脑卒中的概率是不吸烟者的2~3.5倍；如果吸烟和高血压同时存在，脑卒中的危险性就会升高近20倍。

4. 酗酒对脑卒中的影响

酗酒或过量喝酒，对健康的影响也是非常大的。酗酒能毒害肝脏，损害肝功能。酒精对人体具有强烈的麻醉作用，尤其是酒精含量较高的白酒、白兰地等烈性酒，对人体的毒害更大。它不仅严重损害人体各器官，而且会引起各种疾病。有资料表明，因酗酒引导脑卒中而死亡者是不饮酒的3倍。长期饮酒多的人，还会发生酒精中毒性心脏病，严重者可出现心律失常、心力衰竭，甚至突然死亡。经常饮酒者每喜食荤素、咸菜下酒，因而摄入大量的钠，导致血压增高。急性酒精中毒的兴奋期，交感神经兴奋，心跳加快，血压升高，这样管壁薄弱的脑动脉更易破裂而发生脑卒中。

5. 久坐对脑卒中的影响

健康专家发出最新警告：久坐对健康非常有害，甚至会危及生命。科学家认为，即使你还经常做运动，长时间坐着也对健康没有好处。不管你是在咖啡馆、学校坐着，还是在车里坐着，或者是在电脑和电视机前坐着，只要是一天的大部分时间都是坐着，就会对健康产生不利影响。一天的大部分时间都是坐着的人，容易肥胖，患心脏病等心血管疾病，发生脑卒中的概率高。

6. 心理问题对脑卒中的影响

社会发展，生活节奏加速，压力变大，许多人有了心理问题。患有脑卒中的人在其致病的因素中，心理问题占主因并已超过生理原因。心理疾病会诱发或加重常见的高血压、糖尿病等疾病。心理状态不正常的人会产生紧张焦虑情绪，频频给脑垂体以不安的刺激，致使它发生各种偏激过敏的信号，扰乱内分泌的良好均衡状态，易导致各种疾病的发生。

7. 糖尿病患者防止脑卒中发生的办法

为了防止脑卒中的发生，需要早期筛查、早期诊断糖尿病，对糖尿病或糖尿病前期患者进行生活方式和（或）药物干预能减少包括缺血性卒中 / 短暂性脑缺血发作（TIA）在内的大血管事件。另外，还需要对患者进行多重心血管危险因素管理，包括按糖尿病治疗指南进行全面血糖控制，同时注意预防低血糖发生，合理使用降血压、降血脂及抗小板等药物治疗，全面控制患者各项心脏血管危险因素。

8. 预防脑卒中要合理控制高血压

一些高血压患者在得知血压高后，往往很着急，希望能很快将血压降下来，这种想法是错误的，血压降得过快、过低会使人感到头晕、乏力。合并高血压的脑卒中患者，应该在不同的病程采用不同的降压策略，譬如在脑卒中急性期尽量将血压保持在较高水平，恢复期后缓慢降压，直到逐步达标。

一般来说，单纯高血压患者应将血压控制在低于 140/90 毫米汞柱，合并糖尿病和肾脏病的患者降压目标以低于 130/80 毫米汞柱为宜。但对于合并脑血管狭窄的高血压患者，为保持充足的脑部供血，血压控制不宜过低。脑血管狭窄程度较重时，如果将血压降得过低，会使本来就处于缺血状态的大脑进一步加重缺血，发生脑梗死。所以对高血压的治疗应根据患者的实际情况将血压控制在合理的水平。很多患者在应用降压药治疗一段时间后，血压降到正常就立即停药。结果停药后血压又升高，还要再使用药物降压，这种间断和无规律的治疗不但造成血压较大幅度的波动，而且加重了动脉硬化和对心脏、脑、肾脏等器官的损害。正确的服药方法是血压降到目标范围后，在医生的指导下坚持服药，保持平稳的达标状态。

七、哪些人需要进行脑卒中高危人群筛查

有以下情况的人需要根据脑卒中相关危险因素进行筛查。

危险因素	筛查标准
主要危险因素	（1）高血压或者正在服用降压药物
	（2）高胆固醇血症或者正在服用降血脂药物
	（3）糖尿病
	（4）年龄超过 50 岁
一般危险因素	（1）心房纤维性颤动或有其他的心脏疾病
	（2）呼吸睡眠暂停
	（3）直系亲属中有过脑卒中或心脏病史（父亲、母亲、兄弟姐妹、儿女）
	（4）吸烟
	（5）大量饮酒
	（6）缺乏体育运动，每周不能坚持做 3 次（每次至少 20~30 分钟）
	（7）膳食中含饱和脂肪酸或油脂过多
	（8）肥胖
	（9）男性
	（10）牙龈经常出血、肿痛，牙龈萎缩、牙齿松动、脱落
	（11）缺血性眼病史
	（12）突发性耳聋

具有以上 2 项主要危险因素或具有 1 项主要危险因素和 2 项以上（包括 2 项）一般危险因素，或既往有脑卒中 / 短暂性脑缺血发作（TIA）的病史者，建议接受脑卒中筛查。

八、脑卒中发病突然，事前都有哪些征兆

脑卒中来势急骤，但在发病之前，也是有一个病理演变过程的。其中有一个脑循环短暂障碍但又可以恢复的阶段，临床上表现为各种先兆症状，常在脑卒中发生前数分钟至数天内出现，归纳起来大致有以下几种：

（1）各种运动障碍。身体一侧或双侧、上肢、下肢或面部出现无力或活动不灵 。

（2）感觉障碍。口唇、面舌、肢体麻木，耳鸣、听力下降。

（3）单眼或双眼突发视物模糊，或视力下降，或视物成双。

（4）言语表达困难或理解困难。

（5）头晕目眩、失去平衡，或任何意外摔倒，或步态不稳。

（6）头痛，通常是严重且突然发作或头痛的方式与往日不一样。

（7）性格、行为方面突然一反常态。一般发作仅持续几分钟便消失，极易被患者忽略。这些症状可以是一过性的，也可以反复发作，可逐渐加重，预示着脑卒中的来临，发现后要尽早采取措施加以控制，以减少疾病进展的危害。

九、出现脑卒中症状怎么办

1. 立即处理

（1）如果发现出现脑卒中症状，要保持安静，卧床休息，通知周围人或家人，并且让了解病情的家属陪同入院以便给医生提供详细病史。

（2）紧急拨打急救电话。尽快选择能治疗脑卒中的专业医院。**脑卒中最佳治疗时机是发病后 3 小时内，不能等待自我转好，以免失去了最佳治疗时间。搬动最好用担架，途中避免颠簸。**

脑卒中处理

（3）家庭紧急处理。如果家里有血压计的话，测量并记录血压。注意不要给患者用一些不能确定的药物以免出现药物的不良反应，或者因为脑卒中患者的吞咽问题造成呛咳、误吸，增加治疗的麻烦。

2. 及早应对

美国心脏病学会（AHA）、美国卒中学会（ASA）制订的早期识别脑中风的三个简单的测试：①笑一笑。请患者“露齿”或微笑，一侧面部表情不正常。②动一动。请患者闭眼，双臂平举10秒，一个手臂无法维持。③说一说。请患者复述一句短语，如说话不清楚或者无法说话。

正确识别“中风120”，给予大脑争取更多的时间。这里的“1”指的是“1看”，即看一张脸是否不对称，有嘴巴歪的现象；“2”指的是“2查”，即查看两只胳膊抬起，是否有单侧无力的情况；“0”是谐音“聆”的意思，指的是“聆听”，即聆听患者说话是否口齿不清。通过以上就可以判断是否出现了脑卒中的情况。

失　眠

某小学的靳老师向笔者“求救”，说她开始失眠了！

靳老师说：“疫情带来的长假期结束了，开学以来，由于特殊时期，学校对于教师的要求远远高于平时，无论是课间还是午睡都要紧盯课堂。小学生由于年龄小，自觉性不够，经常违反纪律，琐事不断，我越来越感觉到心情沉重、烦躁。晚上常常睡不着觉，10 点上床，12 点还睡不着，随之而来的是胸闷、烦躁不安。”

教师是人类灵魂的工程师，更是被誉为太阳底下最光辉的职业。据调查发现，有 90% 的老师睡眠低于正常的睡眠时间，而且还常常失眠。失眠的问题如此普遍，以至于有很多的“小妙招”大行其道，“数羊的”“喝酒治睡眠的”……可是，越折腾越睡不好，以至于最怕晚上的到来。

一、出现这些症状，可以判断得了失眠

失眠在我们日常生活中十分普遍，也是患者去医院就诊最常见的主诉之一。从医学上来说，失眠是最常见的睡眠障碍，是由于入睡或睡眠持续困难所导致的睡眠质量和时间下降，不能满足正常生理和体能恢复的需要，从而影响正常的社会功能的一种主观体验。

失眠

女性失眠较多见，表现为入睡困难、易醒、早醒和醒后再入睡困难，日间困倦，体力下降，伴有紧张不安、情绪低落等。

也许，有人会说：“哎呀，不就是失个眠嘛，说得太枯燥、太啰唆了吧！”其实，失眠简单概括起来就是**“睡不着、睡不够、睡不好”**。

首先要看睡眠的质与量是否能满足自身需求，也就是说白天身心功能是否受到睡眠的影响，具体来说是指次日是否出现疲倦、易怒，学习、工作、

社交能力下降等情况。

测一测

医学诊断标准如下：

（1）入睡困难（30分钟内不能入睡），易醒（超过2次），多梦，早醒或醒后入睡困难（30分钟内不能再入睡）。

（2）社会功能受损，白天头昏乏力、疲劳思睡、注意力涣散、工作能力下降。

（3）上述症状每周出现3次以上，持续至少1个月。

根据这些特点，就可以诊断自己是否是失眠了。

其次，需要注意的是，失眠症状持续时间小于3个月时间的称为短期失眠，超过3个月在临床上称为慢性失眠，相当一部分的短期失眠如果应对方式不当可以转变为**慢性失眠，迁延数年至数十年之久，必须引起重视，应积极采取措施。**

二、失眠的危害何其多

失眠对人身体的危害是很多的，列举如下：

（1）机体免疫力下降，对各种疾病的抵抗力减弱。失眠会使人的免疫力下降，导致人的身体素质下降。长期的睡眠不足，会使神经内分泌系统的应激调控系统被激活，并逐渐衰竭而发生调节紊乱。机体的各类代谢产物不能被及时排出体外，导致免疫功能明显降低，进而诱发肥胖、高血压、高血脂、糖尿

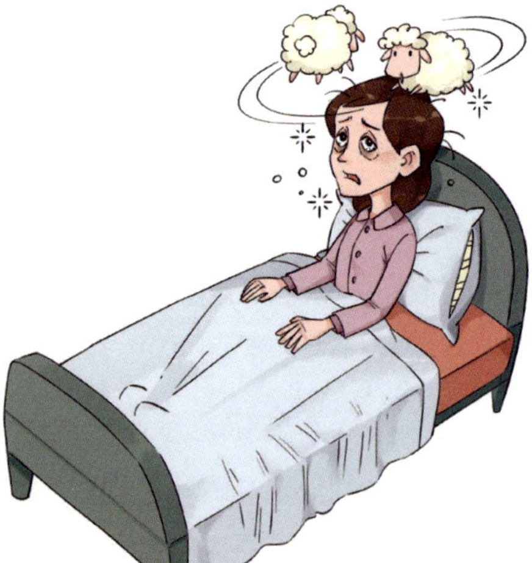

失眠危害

病甚至心脏病等。

（2）记忆力减退、头痛，影响工作、学习和生活。

（3）夺走女性健康和美丽。失眠可加重疲劳乏力等慢性疲劳综合征，以及急躁易怒、缺乏自信等异常情绪，令年轻女性出现面色灰黄、皮肤粗糙，产生黑眼圈和皱纹增多等早衰现象。

（4）增加肿瘤发生概率。人体的细胞分裂多在睡眠中进行，睡眠不足或睡眠紊乱会影响细胞的正常分裂，由此有可能产生癌细胞的突变而导致癌症的发生。

三、失眠常见的原因有哪些

（1）环境原因：常见的有睡眠环境的突然改变而导致失眠。

（2）个体因素：不良的生活习惯，如睡前饮茶、饮咖啡、吸烟等导致失眠。

（3）躯体原因：广义地说，任何躯体的不适均可导致失眠，比如头痛、帕金森病、慢性胃肠炎等。

（4）人生重要的考试之前会失眠。

（5）失眠可以由某些突发事件引起，如特别的喜事或特别的悲伤、生气等都可导致失眠。

（6）严重的心理问题如焦虑、抑郁等可以引起更严重的失眠，并且可能形成长期慢性失眠。

（7）安眠药或嗜酒者的戒断反应，如长期饮酒的人突然戒酒可能出现戒断症状，容易出现失眠。

四、失眠了，也需要做一些检查

失眠可能是情绪问题，也可能是由一些常见病引起的，所以需要检查身体的疾病。比如，患者失眠了，吃了“安定”也不管用。到医院失眠科看医生，医生检查发现患者有慢性胃炎，开了“归脾丸”，一吃就好了。

中医讲“食不和则卧不安”，慢性胃炎、消化不良会导致失眠；过敏性结肠炎，每天凌晨拉肚子，也会导致失眠。

一位 78 岁老年男性患者，半年来入睡时出现难以名状的腿部不适感，迫使肢体发生不自主运动。这种感觉像拉、拽、蠕动、虫咬、钻孔、蚁走感、刺痛、麻痒、震颤、沉重、抽筋和发胀等，有这种异常感觉会使患者全身感到不安，难以入睡。到了医院一看，医生说是“不宁腿综合征”。原来是这种“不宁腿综合征”引起了失眠。

引起失眠的疾病有很多，如果失眠真的很顽固，到医院让医师来做一些检查，寻找失眠的原因，共同“消灭”它！如血液检查，贫血、高血脂等都影响睡眠。头部疾病，检查脑部血管彩超，以及 CT 、MRI、脑电图等可以发现问题。

五、失眠怎么治

首先必须明确：安眠类药物不要自行去药店购买。如果真的有需要，一定要经由医师判断是否需要并开具处方后再购买。

失眠的干预措施主要包括心理治疗、药物治疗、物理治疗和中医治疗。对于急性失眠患者宜早期应用药物治疗。对于亚急性或慢性失眠患者，无论是原发性还是继发性，在应用药物治疗的同时应当辅助以心理行为治疗，即使是那些已经长期服用镇静催眠药物的失眠患者亦是如此。下面介绍一下失眠的非药物治疗。

1. 睡眠卫生教育

如果详细询问，我们会发现大部分的失眠者存在不良睡眠习惯，破坏了正常的睡眠模式，或者对睡眠产生了错误的认识，从而导致失眠。睡眠卫生教育主要是帮助我们认识不良睡眠习惯在失眠中的重要影响，重塑有助于睡眠的行为习惯。主要包括：睡眠前 4~6 小时内避免接触咖啡、浓茶，或吸烟等兴奋性物质，睡前不要饮酒，特别不能利用酒精帮助入睡，每日规律安排适度的体育锻炼，睡前不宜暴饮暴食或进食不易消化的食物，睡前 1 小时不做容易引起兴奋的脑力劳动或观看容易引起兴奋的书刊和影视节目，保持规律的作息时间等。对失眠者进行系统的睡眠卫生教育，可以有效地减少失眠。

2. 认知行为疗法

很多失眠者对失眠本身感到恐惧，过分关注失眠带来的不良后果，常在临近睡眠时感到紧张，总担心睡不好怎么办，这些**负性情绪使失眠症状进一步恶化，失眠的加重又反过来影响患者的情绪，形成恶性循环。**认知行为疗法的目的就是要纠正对失眠的认识误区，改变对失眠的非理性观念，主要方法是：保持合理的睡眠期望，不要把所有的问题都归咎于失眠，保持自然入睡，避免过度主观的入睡意图（强行要求自己入睡），不要因为一晚没有睡好就产生挫败感等。

3. 刺激控制疗法

刺激控制疗法是一套简便易行的干预措施，目的在于改善睡眠环境与睡意之间的相互作用，消除卧床后迟迟不能入睡产生的焦虑等消极情绪，重建睡眠生物节律。具体做法如下：只在有睡意时才上床，如果卧床 20 分钟不能入睡，应起床离开卧室，可从事一些简单活动，等有睡意时再返回卧室睡觉，不要在床上做与睡眠无关的活动，如吃东西、看电视、思考复杂问题（不要带着问题上床）等，不管前一天晚上是几点入睡，第二天仍然要按时起床等，由此能够强化我们的睡眠习惯，形成良好的条件反射以助于睡眠。

4. 放松疗法

应激、紧张和焦虑是诱发失眠的常见因素，放松疗法可以缓解这些因素带来的不良效应，已经成为失眠最为常用的非药物疗法。其目的是降低减少夜间觉醒，其中包括一些技巧训练，主要有渐进性肌肉放松、指导性想象和腹式呼吸训练等。

5. 中医疗法

如中药疗法、按摩、针灸、泡脚等都可以尝试。

当然，如果是由于一些疾病引起的失眠，还必须在医生指导下治疗原发病。

六、怎样才能预防失眠

由于大部分失眠者存在不良睡眠习惯，因此，认识自身存在不良睡眠习惯对于预防失眠非常重要。主要包括以下几个要点：

（1）每天定期进行有氧运动，睡前 2 小时内避免身体锻炼，避免过度刺激，让身体慢慢平静下来，准备进入睡眠状态。

（2）睡前避免接受强刺激，灯光暗一点，洗一个热水澡放松一下，避免进行兴奋性的活动，避免看有恐怖性内容的书籍或影视，避免与人争论。

（3）避免喝茶、咖啡和饮酒，尤其是在下午或晚上；睡前几小时内不吸烟。

（4）合理安排工作时间，在晚上抽空处理在脑子里的问题或想法，至少在睡前 1 小时进行。写下第二天要做的事或困难，不能使这些问题变得越来越烦人。

（5）使卧室尽可能安静和暗淡，同时使卧室保持适合温度，可以辅以舒缓的轻音乐来放松身体。

七、应对急性失眠有办法

人在部分情景和状态下，如重大生活事件前，可能有不同程度失眠。如结婚、出行、考试等，这种失眠与环境相符，如果没有明显影响到交际、工作学习等社会功能，不必过多担心。

如果想避免重大事件前失眠，应少喝妨碍睡眠的咖啡和茶，少喝酒，减少不必要的预期性焦虑反应，可以在睡前做一些简易的放松训练。可以尝试在安静的床上躺好，在黑暗、无噪声、室温 20 摄氏度左右的环境下，耳边放着轻柔抒情的古典音乐，尽可能地让自己舒适，脑子里想象着自己在春天的海边，微风拂面，温暖的阳光洒在身上，闻到了沁人心脾的花香，自己渐渐地进入一个完全放松和宁静的世界，逐步进行慢慢而深沉的腹式呼吸，也可以紧握拳头 10 秒，体会肌肉紧张的感觉，逐渐放松拳头体会沉重、放松、温暖的感觉；接着逐渐放松拳头、前臂、上臂、颈部、肩部、背部、腹部、臀部、大腿、小腿和双足，全身完全放松，会转移失眠者对睡眠的过度关注，较快进入深度睡眠。当然，睡前热水泡脚、饮一杯热牛奶或苹果汁、自我按摩等都会让我们更好地进入良好的睡眠。

八、关于睡眠时间的误区

1. 误区一：平时通宵，周末猛睡

有些人平时工作很辛苦，有时加班到了凌晨，但第二天还是得六七点爬

起来去上班；有些学生平时上学时间紧，熬夜早起睡眠不足。睡眠严重不足，周末在家恶补睡眠，睡他个 20 小时，把平时的都补回来。还有些人今天听说 8 小时睡眠足够，明天听说 7 小时睡眠长寿，到底多少小时睡眠好，自己也搞不清楚。

其实，**每天保证正常的睡眠时间是很重要的，一般成年人应该在 6~9 个小时。**晚上 10~11 点睡觉，早上 6~7 点起床，这样可以使人维持一个较稳定的生物节律，对人的身心都是有益的。

2. 误区二：公交地铁上补睡眠

有些人晚上喜欢熬夜工作，白天无论是坐地铁，还是坐公交车，只要一坐下来就打瞌睡，一路睡到公司，认为这样的补睡眠方式，既没影响工作，又不耽误睡觉。

公交车上睡觉

人的睡眠大致分为“非快速眼动睡眠”和“快速眼动睡眠”两个阶段，在前一个阶段中，又可以分为“浅睡眠”和“深睡眠”两个过程，这两个过程在睡眠中循环多次。人们只有在睡眠中经历了几个“深睡眠”过程后，才能使疲劳得到充分的消除。但是，在汽车上睡觉、打盹、补觉，容易受到各种因素的干扰，汽车的晃动、光线的刺激、声音的影响、空间的狭窄等都不容易使人进入“深睡眠”状态，而**在“浅睡眠”状态下休息，只能使人得到不充分的恢复。**我们经常听到有同事抱怨，车里睡了一觉后，反而觉得腰酸腿疼、疲乏无力。另外，在车上睡觉，容易落枕和感冒。

3. 误区三：晚上睡不好，午睡久一点

经过了一个上午忙碌的工作，不少人都会选择在中午的时候睡个午觉，给自己“充充电”。事实上，如果午睡的时间、姿势或地点不对都可能会给身体带来坏处。按照生物节律，午睡时间过长会影响晚上睡眠，还会使整个下午精神不振、反应迟钝；超过 3 点钟的午觉将延迟晚上的入睡时间，降低睡眠质量，如果实在是晚上没有睡好，白天感觉疲惫，尽量在3点钟之前睡30分钟左右的午觉。**对于一些长期失眠的患者，也可尝试取消午睡，**白天坚持一定强度的活动，尽量是户外活动，避免卧床及过多的休息，以提高晚上的睡眠质量，减少失眠，午睡时间一定要均匀，否则很容易引起身体生物钟的紊乱。

4. 误区四：长期失眠，会导致抑郁、焦虑等精神疾病

日常生活中，焦虑、抑郁症和失眠很容易被混淆，很多长期失眠的人认为是失眠导致了抑郁症。事实上，失眠的核心体现在对睡眠的质和量不满意；焦虑患者的问题是不安定性，他们会出现担心、恐惧、烦躁、易怒等症状；抑郁症患者工作没有精力、心情不再波动，对任何事情都没兴趣、没动力。焦虑、抑郁、失眠经常相伴，这三个症状常常同时出现。

一部分患者因为抑郁症和焦虑症最先表现出的症状就是失眠，所以很多人会误以为是失眠引发了抑郁症和焦虑症，事实上，**失眠只是疾病的症状之一，而非原因。**抑郁症和焦虑症确诊后，应首先针对病症原因进行抗抑郁和抗焦虑治疗，使病情得到改善；如果睡眠问题非常突出，可以咨询医生进行失眠相关治疗。

5. 误区五：运动能改善失眠问题

都说运动能改善失眠，很多失眠的患者会在晚饭后跑步，跑完了累了回家冲凉睡觉，结果失眠反而加重了。这是因为睡前剧烈运动会导致交感神经兴奋、肌肉充血、心脏输出量增加、呼吸频率增快，而睡觉的时候应该是副交感神经兴奋、心搏徐缓、呼吸平稳。所以**从生理角度讲，睡前做剧烈运动是不科学的，不利于提高睡眠质量。**另外，剧烈运动会导致身体中乳酸含量升高，进入睡眠状态时新陈代谢减慢，不利于乳酸转化及清除，可能会出现第二天肌肉酸痛的现象。因此建议睡前2小时内尽量不做剧烈运动。

6. 误区六：睡前来一杯红葡萄酒能助眠

虽然酒精有镇静功效，对于最初的入睡是有帮助的，但**睡后酒精在体内的分解，会损害后半夜睡眠的质量，**容易睡不踏实，使整体睡眠时间减少，醒来容易头痛、精神也不好。尤其是肥胖人士更要注意酒精抑制呼吸中枢的问题，打鼾严重的，尽量避免睡前饮酒。经常性地在睡前饮酒会削弱其促进入睡的功效，相反，破坏性的效用却会保持或增加，特别是酒精所致精神障碍（如酒精依赖）的患者在早期一醉方“休”，一旦成瘾后，“失眠”就成了最难以根除的“顽症”了。

九、火眼金睛识别“假失眠”

现实生活中，有些人本来睡得很好，但主观上认为自己没有睡好，失眠了。例如，有一个患者说“睡不好，很难受”，老伴在旁边特别不能理解，道：“医生，我都听到他的鼾声了，喊他也不应，偏偏说自己睡不好，真是气人！”这样的情景并不少见，也就是说一些人自称失眠，其实是假失眠，即医学上的睡眠感缺失。假失眠常有以下几种情况：

（1）睡眠不足 8 小时便认为失眠。其实，**睡眠质量比睡眠时间更重要。**不同的人对睡眠的需求是不同的。只要自己觉得精神好，疲劳消除了，那就是正常的睡眠。

（2）把正常范围内的睡眠时间变化当作失眠。不同的人对睡眠时间的需求不同，同一个人在不同季节及不同的年龄阶段对睡眠的需求也不同。春困秋乏，人会因为身体原因变得嗜睡，夏天睡眠时间会缩短一些，睡眠也没有那么深，比较容易醒。年老的时候比年轻的时候睡眠时间短，这些都是正常现象，并不属于失眠。

（3）睡眠感错误。有些人认为自己睡不好，实际上睡眠质量在正常范围，叫都叫不醒。主要原因是：首先，对失眠过度担心和重视，形成强烈的潜意识，把偶尔的睡眠不良认为是失眠；其次，认为做梦等于没睡；再次，睡前对尽快入眠的期望值过高，一直把入睡前那一段时间估计过长等。

焦　虑

一、教师常见的焦虑问题和焦虑障碍

焦虑是当下社会普遍存在的心理问题，教师常见的焦虑问题和焦虑障碍主要分为以下几种：

1. 正常焦虑

绝大多数教师的焦虑是正常，甚至是有益的。这些焦虑多数会出现在学生和自己的大小考试、职称晋升、各种评比和公开课之前。尤其是学生小升初、中考、高考，毕业班老师的焦虑达到了高峰。因为考试的成绩不仅决定着学生未来的人生，也决定着领导、同事、家长、学生对老师的看法。升学率高意味着各种赞扬、荣誉和奖励，升学率低意味着各种不理解、指责和惩罚。

教师焦虑

职称晋升和评比对教师而言，意味着被认可，被鼓励，也意味着个人收益的提高，教师们在评比前适度焦虑会促进教师积极准备资料和其他相关事项，更好地应对，也就意味着有更大机会获得自己期待的结果。

教师们在各种各样的公开课，面对众多要给自己打分的听课者，大部分人都会有或多或少的紧张和焦虑。正是有这些焦虑，促进教师们积极认真地备好课，做好教学工作。

2. 一般焦虑

在工作和生活不平衡的情况下，教师也会出现焦虑，很多人误以为老师每年有 3 个月的假期，工作非常轻松。事实上，教师的工作远远比教育领域之外的人想象的要紧张的多，教师不仅要上课，上课前还要花大量的时间备课，下课后还要花大量的时间批改学生的作业。如果学生学习上有困难，调皮捣蛋，发生各种矛盾，有情绪问题，这些都需要教师花时间处理。

很多年轻的教师在没有完全熟悉讲课内容、方法的时候，每年的寒暑假会花大量的时间备课，假期比一般文员上班还要忙、还要累。

大部分从教多年的教师的休息时间也没有那么轻松，每次的课改对于老教师们也是挑战，不仅要重新备课，而且还要调整自己讲课的思路和习惯，以适应课改后的新的教学模式。

因此，教师们的工作常常会占用大量的生活时间，我们经常会听到教师们忙得没有时间恋爱、没有时间照顾自己的孩子，教师的孩子也会抱怨自己的爸爸妈妈没有时间陪自己玩，更没时间陪自己学习，高考时爸爸妈妈陪的是自己的学生，而不是自己。这些都会造成教师们的焦虑。

3. 焦虑障碍

有一些教师由于各种各样的原因不得不承受无法承受的压力，从而产生广泛性焦虑、强迫症、恐惧症、惊恐障碍、躯体化障碍、急性应激障碍、创伤后应激障碍等焦虑相关障碍。

（1）广泛性焦虑是指经常出现没有明显原因、没有事实依据、不针对任何人或环境、没有具体内容、与现实情况不符的惴惴不安、紧张、害怕、过度担心，一些人还可能会出现头晕、口干、出汗、坐卧不宁的感觉。患者的症状通常并不严重，却常常会在生活、工作场景中持续存在超过6个月。在有压力的环境下会加重，放松情况下会减轻。

（2）强迫症主要表现为强迫行为和强迫思维。强迫行为主要包括强迫检查、强迫洗涤、强迫性仪式等症状。比如总是怀疑门、窗等没有关好，出的卷子有错误，反复检查，有时候检查三五遍，有时甚至检查几十遍。比强迫检查更为常见的是强迫洗涤，比较轻的常常是表现为需要反复洗手、洗衣服。一般人洗手，大概在一分钟之内，强迫症患者则常常会洗十几甚至几十分钟；严重强迫性洗涤患者可能会出现每次洗澡要洗几个小时，只要出门就要把从头到脚，包括帽子、外套、内衣、

教师焦虑强迫症

鞋子、袜子在内所有的东西全部要洗一遍，即使只是下楼取了一个快递。

强迫思维，指的是明明知道不合理、没有意义或没有价值，很想摆脱，却总是闯进患者的脑海中的各种想法、图像、观念。比如“我看见垃圾桶，垃圾桶上的脏东西会不会弄到我身上？”“护士站台面上的血液会不会把艾滋病传播到我身上？”“我会不会把小孩从楼上扔下去？”“刚才看到的那个人会不会伤害我”“我会不会把钥匙扔到找不到的地方？”诸如此类的一些想法。

这些强迫性的行为或者是思维，不是外界强加的，而是患者自己的想法或者是冲动，通常你可以克制它们，但克制令患者极端不愉快，会加重患者的焦虑。

（3）恐惧症是一组焦虑障碍，主要包括社交恐惧、广场恐惧、特定恐惧。

1）最常见的恐惧症是社交恐惧。社交恐惧是指患者在社交场合中出现过分的焦虑、害怕，感到自己不能胜任、困惑、尴尬和羞辱的感觉，甚至出现回避行为。教师们比较常见的社交恐惧有三种，我们姑且将其称之为领导恐惧、异性恐惧和演讲恐惧。

有的老师面对领导就会不自觉地出现不安、焦虑，甚至恐惧，个别人在面对领导的时候甚至会出现冷汗、颤抖等情况。问题较为轻微的人主要会在面对严厉的上司时出现恐惧，问题较为严重的人甚至在温文尔雅、彬彬有礼的领导那里都会出现恐惧、说话颤抖的情况。

年轻的教师们也经常在异性面前表现出过度的不安和烦恼，担心自己不会说话，做错事，甚至不敢抬头，不敢和人对视。

刚刚走上讲台的教师也常常会出现演讲恐惧，只要一走上讲台就毫无缘由地害怕自己不自然，严重者甚至会出现冷汗淋漓，脸红、手抖、恶心或尿频，或者一想起上台就感到焦躁不安。

2）广场恐惧是指对人流涌动的地方，或者是空旷的地方，或者是密闭的电梯、小房间等场所的害怕乃至恐惧。患者常常在这些场所出现心慌、不安或出现有坏事情发生的想法，比较严重的患者，可能会不敢出门，或者是不去广场、电梯等这些场所。我们常常会把在密闭空间的恐惧也称之为幽闭恐惧。

3）特定的恐惧包括恐高、怕打雷、恐惧飞机、恐惧卫生间；或者恐惧猫、狗、蛇、毛毛虫、毛绒玩具；或者恐惧某些词汇，通常是与死亡、性相关的词汇。

（4）惊恐障碍是一种发病率较高，却鲜为人所知的一种心理疾病。多数被当作为心脏问题，较轻的患者被诊断为心脏神经官能症或二尖瓣脱垂，较重的患者可能会被诊断为心肌梗死。常见的症状包括严重的胸闷、心慌、呼吸困难、出汗、发抖，最严重的可能会出现类似心肌梗死“我要死了的”感觉；也有的人会出现天旋地转，或者是说觉得自己失控了、要疯掉了的感觉。这种感觉持续一般不会长久，高峰期通常只会持续几分钟到半个小时，不适感一般也就是在十分钟到数小时。

（5）躯体化障碍，是一组以持久的担心或相信各种躯体症状的优势观念为特征，以两年以上反复出现、变化多端，没有躯体病变而出现多个脏器的躯体症状为主的一组焦虑障碍。患者因某些身体症状反复就医，各种医学检查阴性和医生的解释均不能打消其疑虑。也有一些患者确实存在某种躯体疾病，但患者所感受的强烈程度远超实际患病情况。

（6）应激障碍，是指以急剧、严重的精神打击作为直接原因，患者在受刺激后立即（1 小时之内）发病，表现有强烈恐惧体验的心理疾病。

（7）创伤后应激障碍，是指个体经历、目睹或遭遇到一个或多个涉及自身或他人的实际死亡，或受到死亡的威胁，或严重的受伤，或躯体完整性受到威胁后，所导致的个体延迟出现和持续存在的心理疾病。急性应激障碍和创伤后应激障碍在教师中出现的比例远低于其他焦虑障碍。

二、导致教师焦虑的常见原因

教师们出现焦虑和焦虑相关障碍的原因，除了我们上边提到的考前压力、公开课压力，还包括生理因素、社会心理因素、人格因素、环境因素、思维模式、行为模式、原生家庭等多种原因。

1. 生理因素

身体健康对每个人的心理健康都很重要，除了无法解决的遗传问题之外，和焦虑相关的生理因素还包括神经生物学因素和其他健康因素。

（1）神经生物学因素。焦虑也和神经系统的警醒水平有关。大脑神经细胞间隙五羟色胺、肾上腺素或去甲肾上腺素、多巴胺等浓度降低会让易感者出现焦虑障碍。

（2）其他健康因素。身体中营养素缺乏，患有心血管、内分泌、呼吸道等疾病，不良饮食习惯都可能导致焦虑障碍的发生。

2. 心理社会因素

（1）错误的想法会导致焦虑。和焦虑常相伴随的想法，包括“陌生的环境是危险的，我不能相信别人”“凡事都要做最坏的打算，我必须做好充足的准备，才能让我自己安全”“在不熟悉的环境下，我应该少说话”“我是弱小的，其他人都很轻视我”“如果别人说我不好，就是说明我是弱者，没有能力”“只有每个人都喜欢我，我才能快乐”“我不配获得宁静的生活”等与不安全感、低自尊、完美主义、超我严厉相关的想法。

（2）个人的性格因素。我们把那些直率、有闯劲，急躁、好竞争，爱展示自己才华的人称之为 A 型性格。A 型性格的人积极的一面是工作能力强，富有责任感，做事一丝不苟；消极的一面是常常有完美主义倾向，争强好胜，给自己制定过高要求，处处都想得第一，做事只能成功不能失败，在事情没有做完之前容易产生强烈的焦虑。

除了 A 型性格的人，自我压抑、自卑和过度关心自己的人也容易焦虑。

自我压抑的教师，习惯于喜怒不形于色，过度克制自己的情绪，误以为这样才是“正常”，殊不知被压抑的情绪就像火山下的岩浆，压得久了，就会用各种形式爆发。

过度关心自己的人，总是强烈渴求自己快乐、舒适、健康，在遇到任何挫折和不适都会过分紧张、焦虑。

（3）环境压力。升学压力是环境压力中最重要的因素，近年来，各级学校对于学生升入好的学校给予了更多的奖励，那些升学率较低的教师必然会因为担心学生成绩而承受巨大的压力；而高升学率的教师同样因为担心学生成绩下降或期望学生成绩更上层楼而内心产生不安、烦躁和焦虑。而且这种焦虑对毕业班的教师来说，常常会持续一年之久，这么久的压力，对于生理或者心理不够强大的人来说，都是一种不可承受之痛。更何况教师们每天早出晚归，早已严重地透支了自己的身心健康，心身双重压力对任何人来说都不是一件简单的事情。

（4）人际关系问题。包括与学生、学生家长、上下级、同事关系，以及配偶、原生家庭中父母、兄弟姐妹的关系都会和教师焦虑有关。

1）学生和家长关系的问题是困扰教师的主要问题。不得不说，近年来家长和学生对教师的要求越来越高，教师们普遍认为现在的孩子不好教了。管多了，学生产生逆反心理，和教师发生各种冲突并不罕见；管少了，学生成绩上不去，还会影响教师个人绩效。

2）与领导和同事的关系也是教师焦虑不安的重要来源。一部分教师因为自身性格或者环境适应性问题，无法与领导和同事建立有效的人际关系，导致焦虑的发生。

另外，少数学校存在领导的不公平对待、同事的排挤等不正常的现象。当教师身处这种让自身不安的环境中，愤怒、焦躁、无能、委屈等各种负面情绪喷涌而出，足够淹没内心中一切积极的东西。

3）一部分教师的问题可能与他们的原生家庭有着一定的关系。包括早期和父母的分离不当；突发性的意外创伤；由于各种原因长期身处陌生的环境；父母对自己的过度期待、虐待、专横、溺爱；或者幼年时没有得到父母积极的关注，足够的情感回应。这些都会让个体产生一种对世界和他人的敌意，对这种敌意的压抑会产生基本的焦虑，从而认为自己是渺小的、无足轻重的、无所依靠的、无能为力的，然后产生一种幻想，就是自己在一个充满荒谬的、欺骗的、极度暴力的世界。或者发展出来一套苛刻的自我评判标准，这种苛刻的标准要求你不断地歪曲和否认自己的真实价值，即便成功，仍然不相信自己而感到焦虑。

4）童年时期的家庭矛盾也是成年之后对焦虑更为敏感的因素。近年来，社会的过快发展，使一部分家庭内部发展不平衡，家庭的矛盾也会日益增加，一部分年轻教师的父母经常在家里吵闹，会对他们年幼时造成严重的负面心理影响，常常会影响他们和领导，以及自己配偶的关系，更容易和领导发生矛盾和冲突。配偶关系，常常会不稳定，当这些冲突矛盾及不稳定的关系发生的时候，焦虑很容易乘虚而入。

（5）成就感和意义感缺乏是造成教师焦虑的核心原因之一。阿德勒、马斯洛、罗洛梅、弗兰克尔等心理学家都认为意义感是物质满足后一个人的心理能量充沛、个人完善、获得幸福感的最重要的因素。教师们对意义感的追求高于大多数人，现实和心理追求的差异更是大于大多数人。因此意义感的缺乏，常常让勤于思考的教师更容易陷入迷茫、不安当中。

（6）教师这一职业的特殊性让教师需要带着严肃、认真、稳重、含蓄的“面具”。这常常需要压抑为代价。使教师比其他职业更容易从逃避、掩饰、否认、自我麻木来掩饰自己的焦虑，这种掩饰和焦虑本身形成了内心巨大的冲突。

三、焦虑的自我评估

作为教师，对心理评估的了解可能并不充分，那么如何通过自我评估判断自己的焦虑是否超过了限度呢？

首先，你有焦虑的相关症状已经超过 3 个月，或者之前有过类似症状，并且持续超过 3 个月。

如果有条件，你可以为自己做一个焦虑自评量表。包括 SAS、GAD 等自评量表都是很好的选择。如果自评量表的得分很高，你就需要看心理科或者精神科医生，请专业人士为你进行更为专业的评估。如果你的得分超过了正常值，但超过不多，你可以先尝试通过下面的自助方法尝试改善症状。

如果你找不到这些专业的自评量表，也不要使用乱七八糟的自评工具。可以尝试使用以下问句进行自评。如果你有四项以上症状就有可能需要心理科或精神科医生为你做更为专业的评估。

测一测

（1）我所害怕、担忧的事情是真实的吗？

（2）我周围的人多数的担忧程度和我一样，或者是比我要轻得多，我的痛苦程度是不是特别高？

（3）我会出现濒死感，或者是失控感吗？

（4）我的焦虑是不是通常是指向未来，而不是现实的？

（5）我的焦虑和导致我焦虑的事情，逻辑上是不合理的吗？

（6）我没有身体疾病，但是出现了失眠、头晕、头痛、慢性腹泻、心脏不舒服、胃胀、腰痛、肩膀疼痛、喉咙梗塞感等身体症状吗？

（7）我过度地害怕类似关在瓶子里的毛毛虫等不应该害怕的东西吗？

（8）我经常做各种各样没有目的的小动作，比如出现腿、手、脚轻微的颤动，一直在搓手，来回地走动；或者是我经常感到难以入睡；容易生气；能感受到肌肉的跳动，血管的波动，胃肠道的蠕动；或者是经常感到头昏，步态不稳，乏力，头晕；或者是没有生理原因的性欲减退、早泄，阳痿、月经紊乱？

最后需要强调一点，**如果你的焦虑伴有躯体症状，哪怕只有 1% 的可能，还是需要首先去医院排除其他身体疾病。**

四、教师焦虑自助方法

1. 解决焦虑障碍需要顺其自然

教师们要解决超过必要限度的焦虑首要的一点是要**接纳自己的焦虑。**焦虑本身就是人类发展过程中所产生的一种自我保护工具。

当我们感到周围环境的人或者事物，可能有危险的时候，我们可以通过焦虑来提升自身的应对能力，心理学上将其称为战斗—逃跑反应。这种反应能够让我们在面对重大事件的时候，快速有效地做出反应，在无法应对所面临的险境时，能够及时地远离危险，保证自己的安全。适度保持焦虑有助于提升生活和工作的效率，提升个体创造力和求知欲，让个体更容易达到自我实现，实现自我价值。

焦虑症的自救

2. 相信焦虑障碍造成的痛苦是可以被解决的

对于那些确实超出了一定限度的焦虑，甚至成了焦虑障碍的焦虑，教师们也不用过度地担忧，因为几乎所有的焦虑障碍都可以通过自助或心理医生的帮助让你摆脱焦虑的痛苦。

3. 身心交互让教师远离不必要的焦虑

每个人都是一个包括身体、心理、社会关系、社会环境和自然环境的完整个体。它们之间相互作用相互影响。想要远离焦虑，心身健康，就需要让这些因素相互之间达到平衡。

4. 放松训练

放松训练，是通过一定的程式训练，学会精神上及躯体上放松的一种行为疗法。其核心理论是放松可阻断交感神经系统兴奋，以阻断焦虑。在放松的过程中要求环境安静，可以减少外来刺激的传入；使用舒适的姿势，减低肌肉紧张；精神专一，将注意力集中于身体感觉或想象。当思维或想象受到影响时，应忽视无关刺激并重新集中注意力。

（1）深呼吸放松法，这是最简单的放松方法，可以让你的呼吸变得深而缓慢，会让你的身体反应更加放松，在这个基础上进行其他各种放松训练。

使用自然的坐、卧或站立姿势，双肩自然下垂，两眼微闭，然后做缓慢的深呼吸。深深地吸气，慢慢地呼气。吸气的时候腹部微微鼓起，呼气的时候腹部微微瘪下去。经过 2 周左右的训练将呼吸的频率降到每分钟 2~4 次，一般持续数分钟便可达到放松的目的。

（2）肌肉渐进式放松是适用最为广泛的一种放松方法。保持深而缓慢的深呼吸状态，然后开始进行身体各部分的放松—紧张训练。

（3）身体扫描。在安静的环境中，仰卧在床上，将四肢伸展放平，使其有舒适的感觉，同时闭上眼睛，在深呼吸放松的基础上，始终保持深沉而均匀的呼吸。将注意力集中在自己的身体感觉上，想象有一股暖流从你的头顶慢慢向下流淌。你的呼吸越来越慢，越来越放松……你的整个身体都已经变得非常放松。你的心里安静极了，非常地放松，十分的自在……静默几分钟后，结束身体扫描。

5. 把计划写下来，记录心理自助日记

（1）大部分的焦虑与不确定感有关，如果我们**做好工作的计划，**并把我们想到的事情分门别类地写下来、列出来，就能够有效地改善我们的不确定感。

（2）记日记。焦虑症患者常常会注意到负面的事件情绪和行为，而很少注意到正面积极的事件和行为，你通过记录日记，就会发现在你的生活中积极的事件所占的比例远远高于你负面事件所占的比例，或者说这些负面的事件，经过一段时间，你会发现并不像你想象的那么恐怖，你完全是可以应对的。

6. 给自己提出更合理的要求

很多教师正是因为对自己对学生都很严格，成就了自己的优秀。但是这种严格，如果超过了一定的限度，要求事事完美，有一点瑕疵都会让你心存不安，你的要求就成了你无法承受之重。这时你可以想一想，如果我不要求这么高的话，事情最好的结果是什么样子？最坏的结果是怎么样的？最有可能的结果又是如何？我通过什么样的努力可以尽可能地做得好，当我遭遇到最坏的结果的时候，我如何去接纳这种结果？

7. 请求帮助和社交活动

（1）请求帮助。如果教师尝试把一些事情交给别人来做，往往可以腾出手来做更重要的事情，也能让自己心身放松一些。比如说学生的事情，可以适当向学生干部放手；家里的事情适当地向你的配偶放手，甚至向孩子放手。自己做不了、做不好的事情向领导、同事、朋友求助，请他们提供一些有益的帮助。有了空闲时间，焦虑自然而然也会慢慢地消退。

（2）社交活动。朋友、同事陪伴时与我们一个人独处时，内在的感受是完全不一样的。如果我们有了很多的朋友，或者是至少有一两个密友的话，我们找时间和朋友一起吃饭、旅行，或者是一起去唱歌。就会感到被支持、被帮助，我们的生活就是安定的，可以使我们保持一个比较高的快乐的感受，那我们的焦虑感自然就会减少。

8. 接纳世界，悦纳自我

没有一个人是完美的，也没有一个人是完全错误的。不论是你、你的父母、你的领导还是你的配偶。你的性格、你的环境、你的原生焦虑造成了你现有的焦虑，同样也是这些因素造就了你优秀的一面。

所以，**让焦虑变成你的动力，而不是阻力，**就需要你发现你和你的世界的美好，接受其不足。这并不是一个简单的事情。尤其是对那些曾经经历过严重创伤的人，或者生活、工作中缺乏支持的人来说都是需要长期的自我训练，甚至是心理治疗的。

9. 读书

（1）心理自助读物，是消弭焦虑的首选读物。这类读物有两种，一类是通过细致入微的心理剖析，它就像一条滋润心灵的小河一样，慢慢地让你深入到自己内心最深处，了解自己，发现自己。

（2）哲学和文化书籍，这类书籍可以促进你的思考，让你有机会从更为广阔的领域思考自己的人生和这个世界，减少对自己不必要的过度关注，促使你心灵成长，焦虑也就无所遁形。

（3）现实主义的文学作品。充满现实感的文学作品，可以让人通过和主人公产生共鸣，极大地释放内心的焦躁感、无能感、被伤害感。相反，那些虚幻的文学作品，则会使你对现实更加产生不满，反倒会增加焦虑，所以选择现实主义浓厚、对人物心理刻画充分的文学作品对缓解焦虑有着积极的作用。

10. 运动

运动是抗拒焦虑最好也最简便易行的方法，运动可以促进多巴胺的分泌，可以改善大脑中边缘系统的反应能力，以及提升自主神经系统的功能。其中慢跑、瑜伽、太极拳、太极剑都是较好的选择。

11. 艺术和兴趣活动

（1）音乐，尤其是**古典音乐，**都能够改善我们的情绪。

（2）绘画、雕塑这些**创造性的活动，**同样也能对我们的情绪起到很大的帮助。

（3）兴趣活动也非常的重要。需要做两件事：一件是要**提升对工作的兴趣，**另一件是去**寻找一些工作之外的乐趣，**比如说绘画、音乐、唱歌、跳舞、旅游、摄影等，这些都可以极大地提升兴奋度，减少焦虑。

12. 饮食

饮食是改善焦虑很重要的手段。教师们由于工作繁忙，常常没有时间自己做饭。食堂、外卖常常会成为老师们的口粮。然而这些口粮的营养常常不均衡，多数会缺乏我们大脑必需的维生素和微量元素，尤其是 B 族维生素的缺乏，对神经系统有着负面的影响。所以如果有可能的话，请营养师为自己制定一周合理的膳食食谱，设定一种简便易行的健康做饭的方式。而对于那些长期住在学校里，没有办法自己做饭的老师，适当地补充 B 族维生素、多维元素片等维生素和微量元素，也是一种备用方案。

五、给自己制订一个自助计划

学习了这么多自助的方法，现在我们就需要给自己制订一个自助计划了。记住，要有耐心，不要指望一两天或一两个星期就能解决焦虑问题。

如果你已经有三个月的焦虑，通常需要两个星期左右，慢慢地学会与焦虑同行；但是如果你是几十年的焦虑，就要做好一两年，甚至四五年的准备，和焦虑慢慢地达成和解。

在你的所有的计划中一定要包含以下几个方面：

第一个星期，你要学习了解你自己的想法，这个星期你主要是要记录自助日记和进行呼吸放松的训练。自助日记包括你生活中让你感受比较强烈的各种事件，与事件相关的想法，情绪感受身体反应，以及所产生的行为。不论是好的还是坏的，都可以记录一些。在最初的一周，你可以适当地多记一些，比如说你一天记录五六条。并不需要你记很多字，只需要你看懂就好了，但是一定要包括上面的几项，这样你才能充分了解到是什么让导致你焦虑。

从第二个星期开始你就要根据你自己的感受选择 4~6 种自助方法（最好同时包括日记，能够改善想法、行为、生活意义的内容和艺术的方法）每天坚持训练，相信大部分教师的焦虑会得到极大的改善。

最后，如果你通过以上方法训练超过 8 周没有明显改善，或者改善不理想，就要考虑看心理医师。医师能够从更多角度给予你更为系统专业的帮助。

慢性疲劳综合征

一、感觉总是犯困，是患上了慢性疲劳综合征吗

如果你最近总觉得无精打采，精神疲惫，一天到晚犯困，提不起精神，不想动，怎么睡都恢复不过来，而且整个状态已经持续六个多月了，那你很有可能患上慢性疲劳综合征。慢性疲劳综合征又称为“第三状态”“灰色状态”，还有些比较专业的名字，如肌痛性脑脊髓炎、慢性疲劳免疫功能紊乱综合征、雅痞病或雅痞型流感。

慢性疲劳综合征

因慢性疲劳综合征的临床症状复杂，一般体检及实验室检查结果又无重大异常。通常表现程度不同，症状也轻重不一。常见于40~50岁的女性，且女性比男性更容易患上慢性疲劳综合征。

二、疾病引起的疲劳与慢性疲劳综合征的区别是什么

由于多种疾病会出现自觉疲劳、无力等明显的先驱症状，如病毒性肝炎、肺结核、糖尿病、心肌梗死、贫血、血液病和癌症等都可使患者感到莫名其妙的疲劳。这种疲劳与体力、脑力、心理性疲劳性质完全不同，其特点有：一是在健康人不应该出现疲劳时出现，比如活动量本来不大，持续时间不长，在平时是不至于出现疲劳的，但这时却出现了。与生理性疲劳不同的是没有明确的诱发因素，如果不通过医生全面系统的检查，无法找到原因，所以又称原因不明疲劳。二是疲劳的程度严重，消除得也慢，适当休息之后也不易消失。只有在疾病治愈后，疲劳才会消除。但一定要和神经衰弱、更年期综合征、内分泌失调、神经官

慢性疲劳综合征的特点

能症等疾病相鉴别。

慢性疲劳综合征的原因简单点说就是不注意休息，很多工作狂每天只睡4~5 小时，工作 12 个小时以上，与长期过度劳累（包括脑力和体力）、饮食生活不规律、工作压力和心理压力过大等精神环境因素及应激等造成的神经、内分泌、免疫、消化、循环、运动等系统的功能紊乱关系密切。

三、得了慢性疲劳综合征，会有哪些症状

得了慢性疲劳综合征后的主要症状是疲劳持续时间无故偏长，伴有体力不恢复、短期记忆力受损、身体疼痛等。同时还会存在以下表现。

1. 心理方面

患者心理方面的异常表现要比躯体方面的症状出现得早，也较为突出。

（1）对情绪的危害。慢性疲劳综合征患者常常表现为情绪不稳、暴躁、易怒、焦虑、紧张、恐惧等，有时自己不觉或难以控制。这些异常情绪的存在，可以导致失眠多梦、消化不良等。

（2）对意志方面的危害。意志，是人自觉地确定目的并支配与调节其行动，克服困难达到预定目的的心理过程。意志和情绪是相互影响的，慢性疲劳综合征的患者，由于情绪受到影响，进一步也会导致意志的受损。致使多数表现出意志薄弱，做事不果断，犹豫不决，瞻前顾后，缺乏信心，效率降低。不能自己解脱、自我调整，以致负担沉重，消极自卑，失掉控制能力，甚至可能借此养成若干不良嗜好，如过度吸烟、酗酒等；也可能产生某些不良行为，如行动过激，对人失礼，做一些与自己身份不符的事情等。

（3）对能力方面的危害。慢性疲劳综合征的患者常表现出某些能力低下，如做事注意力不集中，短时记忆差，难以准确理解和记忆所阅读的内容，计算数字能力削弱，语言和推理能力减退，思维迟钝，缺乏创新，致使工作能力明显降低，对以往可以顺利完成的工作也深感难以完成，自我责备，减少交往，逐渐孤独等。

2. 身体方面

慢性疲劳综合征能够损伤人体的体力、体能，使人感到疲惫、乏力，身体

失衡，其主要原因除了身体的整体肌力不足（乏力）之外，整体活动的协调不足（不灵）也是重要的一个方面。难以从事或完成某些消耗体力较大及动作细腻、精巧的工作，致使患者深感力不从心。另一方面表现为对容颜与体态的危害。体型常呈现为瘦、胖两类。多数为身体消瘦，有少数也可显示出体态肥胖。后一类患者患有本病的并非少见。多数表现为容颜早衰，面色无华，过早出现面部皱纹或色素斑；肢体皮肤粗糙，干涩，脱屑较多；指（趾）甲失去正常的平滑与光泽；毛发脱落，蓬垢，易断，无光泽，明显呈现出未老先衰之征象。

3. 对人体免疫系统方面

慢性疲劳综合征，必然会使人体的免疫系统功能与调节失常，乃至引起免疫功能低下。免疫功能不足，削弱了机体的抗病能力，破坏了防御疾病的天然屏障，为各种各样疾病的发生打开了通路，患病的机会必将大大增加。

4. 运动系统方面

全身疲惫，四肢乏力，周身不适，活动迟缓；有时可出现类似感冒的症状，肌痛、关节痛等。如果时间较长，累积数月或数年，则表现得尤为明显，可有重病缠身之感。

5. 对人体循环系统方面

慢性疲劳综合征使机体处于萎靡状态，活动减少，血流缓慢，血液沉滞，可导致心血管系统发生不同程度的病变，患者常常感觉心悸、气喘，活动后尤为显著，时常叹息。体格检查时可以发现血压不稳（偏高或偏低），心率较快，甚至可以出现心律不齐（多为窦性）。

6. 消化系统方面

由于神经系统与心血管系统受累，必然导致胃肠道血液淤滞，蠕动减弱，功能受损，表现为食欲不振、胃纳不佳、胀满少饥、偏食、厌油、恶心等。有的患者为了缓解进食不良，常采用多吃辣椒等辛辣食物，借以刺激胃口。大便形状多有改变，便秘、干燥或大便次数增多等。由于进食不佳，热量不足，可以造成体形消瘦、营养不良，进一步加重对各个系统的影响。

7. 神经系统方面

慢性疲劳综合征对神经系统的危害主要累及中枢神经系统，多由于脑部血液供应不足所引起的组织缺氧所致，常表现为“脑疲劳”症状，如记忆力下降、注意力不集中、头脑不清爽、反应迟钝、头晕头痛。有时还可以出现某些精神症状，如忧郁、焦虑、烦躁、易激动等。这类患者常可进一步影响睡眠，出现失眠（入睡困难，或睡眠不深，中间早醒等）多梦、夜惊等。睡眠不足，又可以导致脑疲劳，如此反复，形成恶性循环，致使症状不断加重，难以治愈，十分痛苦。

8. 泌尿生殖系统方面

患者常伴有生殖系统的功能异常。伴随出现腰酸腿软、头晕耳鸣、失眠多梦、记忆力下降等症状。伴随精神异常，可能会出现尿频、尿急等泌尿系统症状。另外，疲劳过度的人，容器中排尿最易起泡沫，且泡沫停留时间长久。对于女性患者来说，常见的有月经不调、性冷淡等。对男性患者而言，则多数表现为遗精、阳痿、早泄、性欲减退等。如果不能及时调治，很可能引发不孕或不育的发生。

9. 感官系统方面

由于全身若干系统受累，功能低下，特别是神经与内分泌系统的变化，常可导致感官系统的异常。在视觉器官异常方面，主要表现为：眼睛胀痛，干涩不适，视物模糊，对光敏感，视觉疲劳等；在听觉器官异常方面，主要表现为耳鸣、听力下降等。

四、慢性疲劳综合征的判断标准

1. 我国判断标准

慢性疲劳综合征的标准	具体表现
主要标准	严重虚弱性疲劳，持续至少 6 个月；没有发现引起疲劳的内科或精神类病症，如恶性肿瘤、自身免疫性疾病、感染性疾病、神经肌肉疾病、药物成瘾、中毒
客观标准	低热；非渗出性咽喉炎；咽喉部疼痛；持续时间长，颈部或腋下淋巴结轻度肿大，有压痛
次要标准	广泛的头痛、肌肉痛、关节痛、发热、咽喉痛、颈部或腋窝淋巴结疼痛，肌肉无力，轻度劳动后持续 2~4 小时以上的倦怠感，精神神经症状睡眠障碍，突然发生的疲劳

2. 美国判断标准

根据美国疾病预防与控制中心的标准，须符合以下标准。

慢性疲劳综合征判断标准	排除其他疾病的情况下疲劳持续 6 个月或者以上
	至少具备以下症状中的四项：①短期记忆力减退或者注意力不能集中；②咽痛；③淋巴结痛；④肌肉酸痛；⑤伴有红肿的关节疼痛；⑥新发头痛；⑦睡眠后精力不能恢复；⑧体力或脑力劳动后连续 24 小时身体不适

五、慢性疲劳综合征应如何治疗与预防

1. 慢性疲劳综合征的治疗

由于疲劳综合征病因不明，属于自限性疾病，因此一般不需特殊的药物和心理治疗，大多患者能够靠自身免疫力，调整生活方式，不用任何治疗而康复。只有当合并有其他病症时才需要药物治疗，但药物治疗的效果有限，通常应用止痛类药物可缓解头痛和其他疼痛，抗抑郁类药对调节神经、促进睡眠有所帮助。

2. 慢性疲劳综合征的预防

首先，劳逸结合很重要，适当补充休息和进行简单锻炼可以缓解疲乏，增强身体能量，患者尽量多休息及减少压力。其次，适量运动。适量增加运动对本病有所帮助。再次，饮食上也要减少高糖高脂肪类食物的摄入，避免血液供氧能力降低造成的脑供氧不足，还得多从食物补充蛋白质和纤维素。最后，为了增强免疫系统的功能和加快康复，新鲜蔬菜和水果能对补充体力及强化免疫力也起到很好的作用。

胃肠病

一、经常备课到深夜，我的肚子为什么这么痛

作为教师，备课、批改作业到深夜，常常肚子痛，喝点水、吃点东西疼痛就可以减轻，这些症状提示你可能得了消化性溃疡。

1. 认识消化性溃疡

消化性溃疡的发病机制是胃、十二指肠这些接触胃酸消化酶的黏膜部位抵御能力下降，进而因胃酸、胃蛋白酶侵蚀而发生溃烂。主要表现为腹痛，常伴有泛酸、胀满、嗳气。腹痛多发生在中上腹，为隐痛、钝痛、刺痛、灼烧痛或饥饿样痛。

胃肠病

（1）腹痛特点：具有节律性，胃溃疡疼痛常发生在餐后，十二指肠溃疡表现为饥饿痛或夜间痛，进餐后缓解；反复或周期性发作。有季节性，典型表现在季节变化时，如秋冬和冬春之交；腹痛可被抗酸或抑酸剂缓解。部分患者会出现泛酸、嗳气、恶心呕吐等消化系统表现。

（2）发病年龄特点：十二指肠溃疡多见于青壮年，胃溃疡多见于中老年人。

2. 消化性溃疡发生的原因

胃酸多、幽门螺杆菌感染（十二指肠溃疡患者的幽门螺杆菌感染率可高达 90% 以上，胃溃疡的幽门螺杆菌阳性率为 60%~90%）、长期应用非甾体消炎药、胃黏膜保护机制受损、胃十二指肠运动异常、遗传、精神因素等都可以造成消化性溃疡。

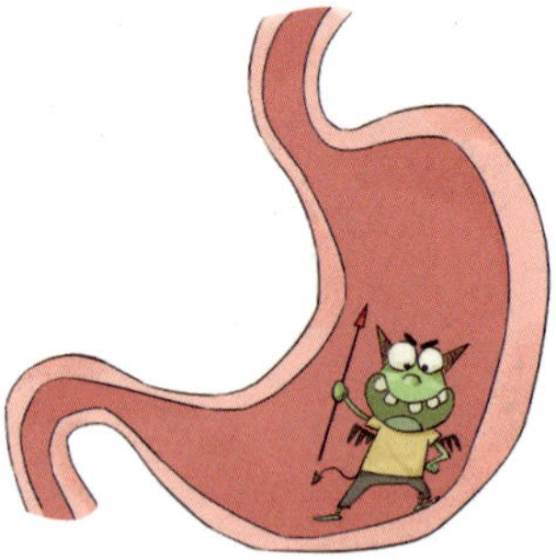
消化性溃疡

3. 诊断消化性溃疡常用检查

胃镜检查及活检是诊断的首选方法和金标准。胃镜检查可以明确溃疡发生的部位、大小，还能取得黏膜组织进行病理学检查以排除溃疡恶变。

4. 区别病因，对症用药

消化性溃疡常见原因是幽门螺杆菌感染，检查确定有幽门螺杆菌时，应遵医嘱正规服用根除幽门螺杆菌药物。经常复发或有并发症的患者，要追踪根除幽门螺杆菌的疗效，一般应在治疗结束 1 个月后复检幽门螺杆菌，做到确切根除幽门螺杆菌。

5. 抗酸治疗

抗酸药物是质子泵抑制剂（如奥美拉唑、雷贝拉唑等），可以抑制胃酸分泌作用持久。质子泵抑制剂可在 2~3 天内控制溃疡症状，对于典型的胃和十二指肠溃疡 4 周的愈合率分别为 80%~96% 和 90%~100%。

6. 中医调理

自我穴位按摩也有健脾胃、治疗溃疡病的作用，具体方法是：以手掌在胃脘部及整个腹部做环摩法及由上而下的推擦法。再轻点中脘、气海、天枢穴。轻柔地点按肢体上的足三里、内关穴，使局部皮肤红热，达到活血理气止痛的作用。

7. 注意事项

平时生活要有规律，避免过劳或睡眠不足，保持乐观，避免恼怒忧思。忌食坚硬、辛辣、酒及浓茶，平时应用解热镇痛药需谨慎。较大的胃溃疡及十二指肠溃疡均存在恶变的风险，注意复查，如出现消化道大出血或幽门梗阻、溃疡恶变等情况常需要外科手术治疗。

二、没胃口，这是怎么回事

经常上完一天课回到家里总是没胃口，是不是得了什么严重的疾病？对于教师来说，由于工作繁忙、责任大，过度紧张，精神压力过大也是导致胃口不好的一个重要原因，所以你很可能是功能性消化不良。

1. 功能性消化不良的症状

功能性消化不良是临床上最常见的一种功能性胃肠病，表现为上腹痛、上腹胀、早饱、嗳气、食欲不振、恶心、呕吐等不适症状，症状可持续或反复发作，病程超过 1 个月或在过去的 12 个月中累计超过 12 周，经检查排除引起上述症状的器质性疾病。诊断功能性消化不良需要进行必要检查，如甲状腺功能、肝肾功能、腹部超声、消化道肿瘤标志物、消化道造影、胃镜，腹部 CT 及胃功能检查等。

上腹胀多发生于餐后，或呈持续性进餐后加重；常伴有嗳气、恶心，呕吐偶尔出现，呕吐多为当餐胃内容物。除此之外，不少患者同时伴有失眠、焦虑、抑郁、头痛、注意力不集中等精神症状。不少时候可因劳累、饮食不当、心理压力大等诱发症状出现。

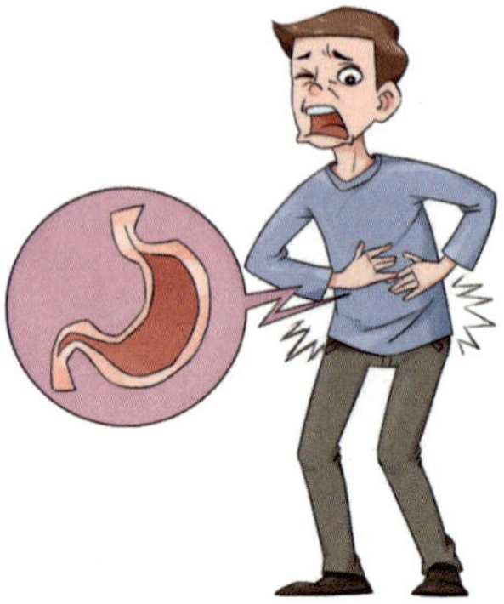

消化不良

2. 导致功能性消化不良的因素

功能性消化不良的发病诱因很多，其中精神性因素作为发病诱因比较常见，在精神紧张或抑郁状态下，胃的运动与分泌减弱，甚至可能停止，在抑郁、灰心时，肠蠕动呈抑制状态，焦虑或抑郁的心理状态可引起体内某些激素分泌的改变和自主神经功能改变，从而导致功能性消化不良。

3. 中西医结合，消除症状

抑酸剂和抗酸剂主要用来治疗上腹部疼痛和烧灼感为主要症状者，促动力剂可明显改善上腹部饱胀、早饱等；助消化药如消化酶和微生态制剂可以改善腹胀及食欲不振症状；根除幽门螺杆菌治疗可以使部分患者症状得到长期改善。

中医认为餐后饱胀不适、早饱、上腹痛、上腹烧灼感属于“痞满”“积滞”“胃痛”的范畴，可根据医嘱辨证治疗。

三、口臭，到底是哪里的问题

1. 讨厌的口臭是谁捣的鬼

口臭给人们的工作和生活带来了诸多的烦恼和不便。据统计，80%~90%的口臭来源于口腔。有研究表明，口臭程度与舌苔厚度及面积均存在密切关系，不注意口腔卫生，刷牙马马虎虎、假牙不清洁，口内食物残渣长期积存，在细菌的作用下发酵腐败分解，产生吲哚、硫氢基及胺类等物质，导致口臭。这些称之为生理性口臭。

口臭

更多的口臭还是由疾病引发的，即所谓的病理性口臭。如龋齿、残根、残冠、牙龈炎、牙周炎、牙髓炎病等口腔疾病，或口腔邻近组织疾病如化脓性扁桃体炎、慢性上颌窦炎、萎缩性鼻炎等，其中龋齿和牙周疾病又是最常见的相关疾病。

胃肠及全身性疾病引起的口臭也比较常见。临床上常见的内科疾病如幽门螺杆菌感染、消化性溃疡、幽门梗阻、晚期胃癌常出现酸臭味或臭鸭蛋味口臭；糖尿病酮症酸中毒患者可呼出丙酮味气体，尿毒症患者呼出烂苹果气味。肺脓肿、白血病、维生素缺乏、重金属中毒等疾病均可引起口臭。干燥综合征因为唾液分泌减少、降低了唾液的冲刷作用和缓冲作用，胃动力不足，胃肠道蠕动变慢导致的便秘也能促使口臭产生。

除此之外，大约有 25% 的人实际上并没有口臭，只是自我感觉口气不佳，即心因性口臭，又叫口臭恐惧症。

2. 幽门螺杆菌感染造成口臭的原因

幽门螺杆菌是致口臭最重要的因素，因为该细菌含有活性尿素酶，可以分解尿素产生氨，是一种具有特殊臭味的物质。此外，幽门螺杆菌还能够产生硫化氢和甲硫醇，也能够引起口臭。幽门螺杆菌感染导致的慢性胃炎、消化性溃疡能够引起胃肠蠕动功能减慢，食物在胃肠中的潴留时间过长，过度发酵，产生各种有臭味的气体。

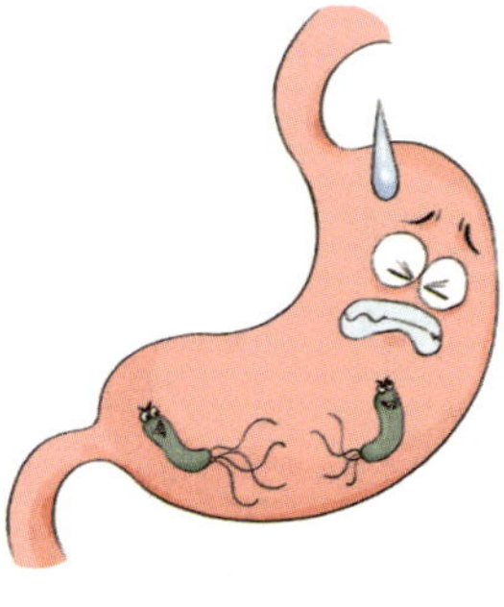

幽门螺杆菌

3. 口臭需要做的检查

判断自己是否存在口臭，不是通过舔一下手腕、向手心吹气，或是把头埋在被子下面吹气来判断的，可以通过口气仪来检测呼吸中硫化物的含量，实际中有另外一种方法，那就是问一个你信得过的家人或朋友。

确定有口臭了，可以根据伴随的症状决定去口腔科做检查，还是去消化科做检查。**如果口臭伴有牙龈出血、牙龈炎、牙齿斑、牙周疾病，去口腔科检查积极治疗。若是口臭伴有口苦、泛酸、腹胀的症状，去消化科就医。**

4. 避免口臭的方法

注意口腔清洁，勤刷牙、漱口，清除牙垢，用刮舌器清洁舌后部，漱口液也会有所帮助。大量饮水和保证早餐规律，最好多吃粗粮，这样有助于促进夜间滋生的细菌的流动。针对不同原因的治疗，若是口腔、鼻腔疾病引起的口臭，积极给予对应治疗，如果是幽门螺杆菌感染造成口臭，按医嘱进行 2 周的四联药物治疗。

如果是因为肝火、胃火过于旺盛导致出现口臭症状，建议多吃清热解毒食物，比如绿豆、梨、百合、莲藕、决明子、荷叶等进行调节，也可以服用健胃消食片、黄连上清丸等。

四、便秘，为什么就是排不出来

便秘表现为排便次数减少、粪便干硬和或排便困难，具体指的是每周排便少于 3 次及需手法辅助排便，在这里请注意**即使大便不干，但存在排便费力、排出困难、排便不尽感等，也叫便秘；**病程超过半年，我们称之为慢性便秘。

1. 便秘的分类

（1）功能性便秘：进食量少或食物缺乏纤维素或水分不足，对结肠运动的刺激减少；工作紧张、生活节奏过快、工作性质和时间变化、精神因素等打乱了正常的排便习惯；肠运动功能紊乱；腹肌及盆腔肌张力不足，排便推动力不足，难于将粪便排出体外。老年体弱，活动过少，肠痉挛也可致排便困难。

（2）器质性便秘：直肠与肛门病变引起肛门括约肌痉挛、排便疼痛等；尿毒症、糖尿病、甲状腺功能低下、系统性硬化症、肌营养不良等导致排便无力；盆腔内肿瘤、克罗恩病、先天性巨结肠症、肠粘连、肠扭转、肠套叠等造成的不完全性梗阻；长期应用吗啡类药、抗胆碱药、钙通道阻滞剂、神经阻滞药、镇静剂、抗抑郁药及含钙、铝的制酸剂等使肠肌松弛引起便秘。

便秘不是病，危害却不小。便秘可以诱发或者加重结、直肠各方面的疾病如痔、瘘、肛裂，加重腹胀、嗳气、腹痛、恶心、口臭等。正常人每天要从大便中排泄相当数量的胆固醇，而便秘者胆固醇的排泄受阻，易在胆囊中沉积形成胆结石。便秘对老年人的最大危害是增加心脑血管的意外、易引起高血压血管破裂、增加脑出血风险。长期便秘的患者，肠道肿瘤发病的概率比正常人高出 4 倍。

2. 通畅排便的方法

养成定时排便的习惯（每天 1~2 次，每次 15 分钟），形成条件反射，建立良好的排便规律。有便意时不要忽视，及时排便。建议患者每天至少喝 6 杯 250 毫升的水，进行中等强度的锻炼。故**晨起及餐后是最易排便的时间。**避免进食过少或食品过于精细，泻药应用要谨慎，不要使用洗肠等强烈刺激方法。

3. 便秘需要进行的必要检查

必选的检查项目有粪便常规、粪便隐血、粪便细菌比例、肿瘤标识物、腹部平片、结肠镜、肛管直肠压力测定、盆底肌电图检查、结肠传输功能实验、排粪造影等检查。

腹部平片出现气液平面说明存在肠梗阻；结肠镜可观察肠腔黏膜及腔内有无病变和狭窄，还可发现结肠黑变病。肛管直肠压力测定、盆底肌电图检查等可以帮助判断有无直肠、盆底功能异常或直肠感觉阈值异常，以及有无肌源性或神经源性病变。

4. 便秘的特别提醒

（1）便秘征象：**便秘的"报警"征象包括便血、贫血、消瘦、发热、黑便、腹痛等和肿瘤家族史。如果出现"报警"征象应马上去医院就诊，做进一步检查。**

（2）中药泻剂如芦荟、决明子、大黄等含有蒽醌，长期应用容易造成依赖及引起结肠黏膜色素沉着，称之为结肠黑变病。

（3）药物容易引起便秘：治疗胃病药如碳酸氢钠片、氢氧化铝、硫糖铝、西咪替丁、雷尼替丁、法莫替丁、奥美拉唑、颠茄片等；抗过敏药如苯海拉明等；心脑血管病用药如辛伐他汀、洛伐他汀、硝苯地平、维拉帕米、可乐定等；消炎镇痛药如布洛芬、奈普生、卡洛芬、吲哚美辛等；精神药物如氯丙嗪、奋乃静、氟奋乃静、安定、艾司唑仑、阿普唑仑等；中药复方甘草片等都容易引起便秘。

五、“拉肚子”的困扰

肚子突然呼呼噜噜叫，快憋不住了，又找不到厕所时的感觉你有过吗？尴尬的问题，在这里敞敞亮亮地说。

1.“拉肚子”的原因

正常人每日大约进食汤水 3 升，加上消化道黏膜分泌的液体，大约有 9 升液体通过胃肠道，但最终粪便中水分仅约 100~200 毫升。大部分在肠道再吸收。若进入结肠的液体量超过结肠的吸收能力或（和）结肠的吸收容量减少，就会导致粪便中水分排出量增加，便产生腹泻，俗称“拉肚子”。

2. 区别病情，辨证施治

急性腹泻，大多系感染引起，持续时间大多在半月左右。急性腹泻原因可能是病毒也可能为细菌、寄生虫感染。进食未煮熟的扁豆、毒蕈中毒、河豚中毒等食物中毒也是急性腹泻的原因。

3. 腹泻需要重视

持续两个月以上的慢性腹泻，病因比急性的更复杂。肠黏膜本身病变、小肠内细菌繁殖过多、肠道运输功能缺陷、消化能力不足、肠缺血、肠运动紊乱及某些内分泌疾病和肠道外肿瘤均有可能导致慢性腹泻的发生。

4. 肠易激综合征

假如腹泻时间久了，检查又无明显异常，则很可能是肠道敏感性异常引起的，即所谓的肠易激综合征。它是功能性肠病的一类，在中青年人多见，也“偏爱”女性和脑力劳动者，有家族聚集倾向。主要表现为腹痛、腹泻、腹胀、上腹部不适，部分患者尚有不同程度的心理精神异常表现，如焦虑、抑郁、紧张等。其中腹泻的主要特点为一般每日 3~5 次，少数严重发作期可达十数次。大便多呈稀糊状，也可为成形软便或稀水样。多带有黏液，部分患者粪质少而黏液量很多，会有腹泻和便秘交替现象。

六、教师为什么容易患慢性胃炎，萎缩性胃炎严重吗

许多中年教师，他们在学校中往往独当一面，承担繁重的教学、管理任务，不管是从精神还是体力，负担都很重。据报道，教师的胃病患病率达15%~25%，以消化性溃疡和慢性胃炎常见，其中部分为萎缩性胃炎。网上经常说萎缩性胃炎是癌前病变，这是真的吗?

1. 慢性胃炎的分类

慢性胃炎分为萎缩性胃炎、非萎缩性胃炎（浅表性胃炎）及特殊类型胃炎，主要是依据胃镜观察及活检对胃黏膜层的炎症做出的一种诊断。

2. 萎缩性胃炎

提到萎缩性胃炎，很多人会认为是不是胃的体积变小了、萎缩了，继续发展下去，胃的体积会越来越小，会影响进食。事实上并不是这样，慢性萎缩性胃炎的“萎缩”是指胃黏膜上分泌胃酸的腺体的萎缩，不是胃体积的缩小。

慢性萎缩性胃炎分 A、B 两种，B 型萎缩性胃炎常见，是由慢性浅表性胃炎发展而来，由于长期慢性炎症刺激导致胃黏膜腺体萎缩减少，病变部位主要在胃窦，常合并肠上皮化生。

3. 得了萎缩性胃炎，胃酸分泌是否减少

人的胃可以分为胃体和胃窦两个部分，胃酸分泌主要在胃体部，而在中国，大部分萎缩性胃炎患者的萎缩发生在胃窦部，而且是呈灶状的萎缩，因而对总体胃酸分泌的影响不大。所以很多患者并没有胃酸分泌不足的表现，有些人甚至会出现泛酸、胃灼热等胃酸分泌过多的表现。

4. 胃炎进展为胃癌的过程

提到胃癌，可能大家会很恐慌，其实**胃癌的发生也不是一朝一夕的，其经历是需要一段漫长的时间演变的。**发生胃癌过程是慢性胃炎→萎缩性胃炎→异型增生→胃癌。

虽然目前都认为萎缩性胃炎是胃癌的癌前疾病，但**绝大多数慢性萎缩性胃炎预后良好，仅少数会癌变（多数研究发现癌变率不超过 3%）。**一旦胃黏膜出现不典型增生，癌变机会明显增加。

由此可见，从胃炎到胃癌需要经历一段时间的演变，在异型增生之前的每一个“转折点”都给了你选择的机会，早发现早治疗，在任何一个关口阻断疾病的进展，都可以帮助你远离胃癌。

经过长期的研究发现，患有萎缩性胃炎、伴肠化及异型增生的患者虽然发生胃癌的风险较高，但最后真正进展到胃癌的还是极少数。而且，早期的治疗可能阻断疾病向癌的转化和进展，甚至有可能逆转萎缩性胃炎。所以，我们应该保持良好的心态，面对疾病，应该积极治疗，定期复查胃镜。

5. 萎缩性胃炎的应对方法

规律饮食，少食易产胀气的豆类、过酸的水果、偏肥的肉食、不熟的蔬菜及腌制品；戒烟戒酒；避免使用损害胃黏膜的药物如阿司匹林、吲哚美辛、红霉素等，饮食避免过热、过咸和辛辣食物；放松心情。

不伴肠化生和不典型增生的患者，1~2 年做一次胃镜；中重度萎缩伴肠化生的患者，1 年做一次胃镜；伴轻度不典型增生的患者，半年做一次胃镜；重度不典型增生者需立即复查胃镜，行胃镜下胃黏膜剥离术治疗。

七、胃病，这样吃最好

随着时代的进步、科技的发展，快节奏的生活使很多人早上不吃、晚上大补，工作一忙零食替代正餐充饥。那么，问题来了，如何吃才能预防胃病发生呢？

1. 不要过度强调少食多餐

过去认为少食多餐比一日三餐利于养胃，然而研究发现，进餐次数与胃酸分泌相关，少食多餐每日酸分泌总量高于一次三餐者。低胃酸分泌患者可以少食多餐，高胃酸分泌者应该一日三餐，定时规律进餐，这样更加符合学习和工作习惯。

2. 不能吃太饱

什么是太饱，标准是什么？常话说，“六成饱延寿命，七成饱预防病，八成饱慢性病，九成饱富贵病，十成饱要人命，吃饭要吃八成饱”，那么，这个量要如何控制呢？

我们经常也会有这样的经验，当吃饭到一半时，突然来了电话，等接完电话回来，你可能已经不想吃饭了；当你点餐之后，上菜太慢，你会发现其实大家可能都没有食欲了。吃饱这个信号，传到大脑是需要时间的；如果我们吃饭速度太快，或者嘴巴一直不停，那等这个信号传过来时，其实你已经吃多了。所以这就需要我们细嚼慢咽，进食七八分饱就够了，而且进食过多会增加胃肠负担，不易消化，容易反胃，热量过剩还会肥胖，更是伤害全身。

3. 可适当进食微辣食物，少吃不易消化的食物

研究发现，低浓度的辣椒素会增加胃黏膜的血流量，刺激胃黏膜合成和释放前列腺素，而前列腺素是促使胃黏膜愈合的重要因子，有利于胃黏膜的修复；能够阻挡有害物质对胃黏膜的损伤；大蒜能够消灭胃中的幽门螺杆菌。但高浓度的辣椒素可以刺激胃肠黏膜，尤其刺激糜烂、溃疡面，反而不利于胃肠黏膜的愈合；而且高浓度的辣椒素会促进胃肠蠕动，易腹痛、腹泻少吃不易消化的食物，如过辣、过酸、过甜的食物，油炸食物，竹笋，绿茶尤其是新茶，咖啡，酒烟等。油腻食物也不能多吃，不利于消化。

另外，上腹胀闷、嗳气、腹胀、肛门排气过多的患者不宜进食豆类、番薯、栗子、包心菜、花椰菜等产气的食物。

4. 其他

天气的随机变化，对胃的影响很大，尤其是突然下雨、气温骤降，很容易使寒风入体，让胃受伤。所以胃病患者一定要注意保暖，避免吃冷食，尤其是早饭，不仅要吃，而且最好是温热的。

情绪方面，家庭骤变、亲人离世等，都会影响情绪，进而出现食欲不振、消瘦等症状，可能还会导致厌食症；所以，日常生活中一定要注意情绪的调节，保持心情愉悦，乐观的情绪有助于养胃。

其实，养胃很简单，进食松软易消化食物，三餐规律、定时定量，吃七分饱，饮食要淡口味、少辣、低盐、低糖，进温热食物，忌烫、忌冷，忌烟、忌酒、忌浓茶，忌刺激性大的食物，忌过分粗糙食物，保持心情开朗，降低压力。

八、自我按摩也可以治疗胃病

中医的穴位按摩可以通过疏肝和胃、温中健脾治疗胃病，还可以避免药物的毒副作用。

1. 揉中脘

双手掌重叠紧贴中脘穴，以顺时针方向旋转按揉 1~2 分钟；再逆时针方向旋转按揉 1~2 分钟。

2. 推梁门

双手掌重叠，置于腹部，先从右肋弓至左肋弓到脐，再回到右肋弓；顺时针方向旋转推梁门穴 1~2 分钟；再逆时针方向旋转推梁门穴 1~2 分钟。

3. 推揉内关

按摩治疗胃病，用拇指指缝贴于内关穴按揉，左右两穴交替进行，每穴各 1~2 分钟，能够有效地缓解胃部不适。

4. 推揉足三里

取坐位，用右手拇指贴于左侧足三里穴按揉 1~2 分钟；再换左手拇指贴于右侧足三里穴按揉 1~2 分钟。按揉频率不要过快，使穴位有酸胀感。

九、运动也能保护胃肠道功能

运动能促进神经系统功能，它使人情绪愉快，精神饱满，这两点能够消除精神因素对胃病的不良影响。体育锻炼能够增加呼吸的深度与频率，促使膈肌上下移动和腹肌较大幅度的活动，从而对胃肠道起到较好的按摩作用，改善胃肠道的血液循环，加强胃肠道黏膜的防御机制，加快胃肠蠕动，提高食欲，促进消化能力，并能增强全身肌肉力量，包括增强腹肌和消化道平滑肌的力量，有助于消化器官保持在正常的位置上，特别对部分胃下垂的患者非常有益。

患胃病的人参加体育锻炼，应该注意选择锻炼的时间。**一般来说，饭前半小时和饭后 1 小时内要避免进行剧烈的运动。胃下垂患者应该在吃过饭 2 小时后再进行锻炼。**通常散步、慢跑、做保健操、跳舞、打太极拳、舞太极剑、游泳等，都是比较好的选择。

痔疮

一、私密处的难言之隐，一定不要忍

我们常常因进食辛辣刺激食物，或久坐久站，或劳累过度，或便秘腹泻，女性因为怀孕等，诱发痔疮等肛门疾病，出现疼痛、便血、痔疮脱出、潮湿瘙痒、便秘等各种不适症状，因为疾病涉及隐私部位，很多人都羞于去医院就诊，也有些人不拿痔疮当回事，选择自行在家治疗，少数情况可以改善，多数情况症状不但不缓解，反而会越治越重。

教师因职业特点，经常久站久坐，过度劳累，便秘等，患痔疮的概率比一般人更高。

痔疮

经常有人把所有的肛门不适都当作是痔疮犯了，但去医院一检查，却发现是其他疾病引起的。其实肛门疾病有很多种，除痔疮外，常见的还有肛裂、肛瘘、肛周脓肿、肛乳头瘤、肛隐窝炎、直肠息肉、直肠癌、肛周湿疹、便秘、直肠前突、直肠黏膜内脱垂、肛周性病、炎性肠病等，这些疾病表现的症状多是肛门疼痛、出血、脱出、里急后重感、瘙痒、流脓血等，与痔疮症状很相似，如果都当作痔疮对待，肯定会误诊误治的。

出现上述症状的时候，要**及时去医院找专科医师诊断清楚，然后再给予药物对症治疗。**因为现代医学飞速发展，分科越来越细，隔行如隔山，只有找专科医师才能获得正确的治疗建议。不能因为羞于开口、不好意思看病而越拖越重，错过最佳治疗时机。

二、看看摸摸可以判断自己是否得了痔疮

临床医学对痔疮的定义是直肠末端黏膜下和肛管皮下静脉丛发生扩大，曲张、瘀血肥厚所形成柔软组织。痔疮的一般症状是出血、脱垂、疼痛、瘙痒等。

一般可通过观看、触摸等方法初步判断自己是否得了痔疮。

看，就是首先看出血量，是手纸染血、滴血还是喷射状血。其次是看血的颜色，是鲜血还是暗血，是否夹杂有血块、黏液或脓液。然后是看血与大便是否相混。最后要看肛门外观有无脱出的肿物，肿物颜色是正常皮肤颜色、暗紫色还是红色。

摸，触摸肛门部肿物是柔软的还是硬的，触摸时是否疼痛，是否能将肿物推回肛门内等。

1. 痔疮的分型

痔分为内痔、外痔和混合痔。内痔是肛垫（肛管血管垫）的支持结构、血管丛及动静脉吻合发生的病理性改变和移位；外痔是齿状线远侧皮下血管丛扩张、血流瘀滞、血栓形成或组织增生；混合痔是内痔和相应部位的外痔血管丛的相互融合。

2. 不同痔疮的特点和临床表现

内痔主要临床表现是出血和脱出，可并发血栓、嵌顿、绞窄及排便困难。根据内痔的症状，其严重程度分为4度。

（1）Ⅰ度。便时带血、滴血，便后出血可自行停止，无痔脱出。这种情况多数不需要用药治疗，只需调理饮食，注意排便习惯即可改善。

（2）Ⅱ度。排便时有痔脱出，便后可自行还纳，常有便血，出血或多或少，或滴血，或便后手纸染血，或喷射状出血，轻度的出血通过药物也可以缓解，但是要养成好的排便习惯才是预防的关键，因为此时的痔疮虽然脱出，还能自行还纳，通过药物干预，饮食调理，提肛锻炼等都可以延缓疾病进展，改善症状。

（3）Ⅲ度。排便或久站及咳嗽、劳累、负重时有痔脱出，需用手还纳，常有便血，出血或多或少，或滴血，或便后手纸染血，或喷射状出血。

（4）Ⅳ度。可有便血；痔持续脱出或还纳后易脱出，Ⅲ度、Ⅳ度痔疮因固定肛垫的肌纤维组织彻底老化断裂，起不到固定上提痔疮的作用，因而每次排便均会脱出，或脱出后不能还纳肛内，反复脱出刺激血管壁，多容易发生血管破裂，引起静脉血栓，组织回流障碍，水肿疼痛，坐卧不宁，行走不便。

3. 痔疮的三大症状

（1）出血。出血是痔疮最常见的症状，也是较早期出现的症状，多数患者都是因为出血来医院就诊的，内痔出血多是在排便时肛门滴鲜血或大便后手纸染血，严重的会出现喷射状出血，血多不与大便相混。

（2）脱出。脱出是痔疮的第二大症状。初期脱出后于排便结束后可自行还纳肛内，时间久了需用手托回，有些人走路多了或者打喷嚏就会诱发痔疮脱出。痔疮反复脱出后容易引起痔组织水肿，形成血栓，疼痛难忍，严重影响生活工作，而且痔疮长期脱出后，刺激肛门周围皮肤，诱发肛门潮湿瘙痒、肛门坠胀等各种不适。

4. 疼痛

疼痛是痔疮的第三大症状，也是人们就诊的主要原因，因为痔疮的疼痛多是难以忍受的。痔疮的疼痛在脱出 3~5 天内最严重，这时期组织水肿最严重，然后随着水肿和血栓的吸收逐渐减轻，疼痛逐渐缓解。

当出现出血、疼痛、脱出等症状时，即可初步判断自己是否患了痔疮，如果不能判断清楚或者用药 3 天症状无明显改善，要及时去医院就诊，以免耽误治疗。

三、痔疮需要不需要手术

俗话说“十人九痔”，说明有“痔”之士非常多，经常有人担心地问：“我的痔疮要手术吗？”有专家认为：“不要做没有症状的体征，也不要做没有体征的症状。”简单地说就是**“无症状的痔无须治疗”**。听着比较拗口，把这个意思弄明白了，你就会清楚到底什么样的痔疮该手术，什么样的痔疮可以先保守治疗。

“没有症状的体征”，意思是虽然有痔疮，但从来没有感觉到明显不适，既不出血、疼痛，也不脱出、瘙痒，有些人虽然有痔脱出，但无疼痛，这样的痔疮对身体、日常生活工作都没有影响，可以不用手术。而对于“没有体征的症状”意思是说有些人自我感觉肛门很不舒服，或疼痛，或下坠，不出血，也不脱出，肛门检查既没有明显的痔疮，也没有肛周炎症包块等，只有功能上的障碍，也就是说没有可切的东西，有些是因为心理疾病导致的不适，这种情况是不能轻易手术的，仓促手术，不但不解决问题，反而会加重病情，加重患者的心理负担。通过心理疏导，配合药物坐浴可以不同程度的缓解。

如果痔出血不严重，仅仅是大便时肛门少量滴血或手纸染血，通过调理饮食及大便习惯，给予栓剂或药膏外用治疗几天即可缓解，也可以不用手术。但是如果饮食或大便习惯稍微不注意，便诱发痔疮出血，出血频繁发作，给予栓剂或药膏外用缓解不明显，甚至发展为喷射状出血，导致贫血，出现乏力、头晕、心慌等症状时，需要及时就诊，排除消化道出血后要采取手术治疗。

四、这些疾病，和痔疮很像，要警惕

常言道："十男九痔""十女十痔"。说明痔疮的发病率非常高，也给人们造成一种假象，只要肛门不舒服，出现了便血、疼痛、脱出、肛门潮湿瘙痒、便秘等症状，就以为是痔疮发作了。其实肛门疾病很多，具体要根据自己的症状和检查体征来确诊，下面简要谈一下和痔疮相似的一些常见病多发病，希望能帮您大概了解一下这些疾病的特点。

1. 出血症状

（1）要与直肠癌相鉴别。直肠癌是恶性肿瘤，人们都是谈癌色变，出现便血首先想到的就是自己是不是得了直肠癌，很多人也是因此来就诊，直肠癌如果早期发现、早期治疗是可以取得非常好的预后的。

便血是痔疮和直肠癌最常见的症状，痔疮和直肠癌的出血有相似的地方，也有不一样的地方。

痔疮出血多是因内痔引起的出血，外痔很少出血。内痔出血主要特点是无痛性便血，呈鲜红色血，初期为手纸染血或肛门滴血，发展到严重时呈喷射状出血，血不与大便相混，多为便时或便后出血，附着于大便表面，偶尔也因出血多逆流到直肠内而呈现出暗红色血。直肠癌出血是因癌肿组织不正常的生长，癌组织表面慢性溃疡引起的渗血，因出血较慢，血液在直肠内停留时间较长，所以呈暗红色、暗紫色等，且多伴有黏液，里急后重感等。

（2）要与直肠息肉相鉴别。直肠息肉是直肠黏膜表面的隆起性病变，主要分为炎症性和腺瘤性两种。腺瘤性息肉可分为管状腺瘤、绒毛状腺瘤和混合型腺瘤，管状腺瘤最常见，约占腺瘤的65%~80%，息肉的癌变风险与息肉的大小和分类有关。临床中仅少部分人会因直肠息肉出现临床症状，息肉早期没有明显症状，多数是在结肠镜检查时发现的，当息肉增大时，会因表面溃烂出现大便带血，同时伴有里急后重感，里急后重感即反复的便意、便不净感。息肉距肛门较近时可出现脱出症状，息肉为黏膜病变，所以外表为淡红色或暗红色，痔疮表面可见有静脉曲张，呈暗紫色。

（3）要与肛裂相鉴别。肛裂多是因大便干燥导致的肛管皮肤裂开引起的出血。早期肛裂因裂口较浅，为肛管皮肤或黏膜部分撕裂引起的出血，出血多为滴血或手纸带血，很少有喷射状出血。陈旧性肛裂因裂口逐渐加深，刺激肛门内括约肌，且裂口反复裂开，边缘纤维化增生，出血反而减少，以周期性疼痛为主。其特点是排便时伴有肛门轻微疼痛，便后因肛门内括约肌受刺激引起括约肌痉挛而呈持续性长时间的疼痛，在肛门镜下可见到肛管后位或前位有明显裂口。

（4）要与直肠炎鉴别。直肠炎在急性期或亚急性期多有出血，血呈鲜红色或淡红色，多伴黏液或脓血，因其直肠黏膜呈紫红色或红色，充血明显，有弥漫性出血点，触之出血较多，或糜烂、溃疡。但在临床往往见到内痔出血而忽略了直肠黏膜出血，特别在直肠炎慢性期炎症并发不十分明显，仅有黏膜粗糙，颜色呈苍白色，出血点不多而被漏诊。

2. 脱出症状

（1）要与肛乳头肥大鉴别。肛乳头肥大小者如火柴棒，大者如枣样大小，基底部有蒂，质地较韧，色灰白，不易出血，表面无静脉曲张，且无疼痛。

（2）要与直肠脱垂相鉴别。直肠脱垂指的是直肠黏膜、肛管、直肠全层、部分结肠向下移位，而脱出到肛门外的一种疾病。直肠脱垂是以直肠黏膜以及直肠反复脱出肛门外，并且伴有肛门松弛为主要的特点。它往往好发于幼儿、老年人、久病体弱的人，而女性主要因为骨盆下口比较大、多次分娩，发病率要高于男性。

（3）对于炎性外痔来说，要与肛周皮下脓肿鉴别。经常有人把肛周脓肿与炎性外痔混为一谈，而耽误了最佳治疗时间，外痔一般很少见化脓，但可逐渐形成血栓，血栓无继发感染一般不化脓，而逐渐被吸收。肛周脓肿多位于肛门皮下，具有红肿热痛的特征，随着脓肿的发展有时会破溃出脓，脓出后疼痛明显缓解。

（4）血栓外痔要注意与肛门脂肪瘤、皮脂腺瘤、纤维瘤相鉴别。血栓外痔发病急骤、疼痛，有局部炎症反应明显的圆形肿物。脂肪瘤发病缓慢，无炎症反应，多为皮肤下的肿物，质地稍韧，无触痛。皮脂腺瘤无感染时，无明显炎症，是发病慢，病程长的肿物。纤维瘤病程长，无明显炎症，但有时触痛，肿物较坚硬。

（5）结缔组织外痔一定注意与尖锐湿疣相鉴别。结缔组织外痔是柔软而形状不规则的皮赘，质软，而尖锐湿疣是单发或集簇生长的皮肤肿物，色灰白，质硬，拂之碍手，无明显疼痛，多伴肛门潮湿，属于性病的一种，具有传染性。

五、预防痔疮，最关键的是做到这几点

肛门的主要功能是通导大便，故大便是否正常与痔疮密切相关，便秘或腹泻都会引起肛门周围的静脉淤血，是导致痔疮的基础，所以，保持正常的排便功能，是预防痔疮的关键。归纳起来，主要由以下几点。

避免不良排便习惯

1. 保持良好的排便习惯

良好的排便习惯应该是每天在相对固定时间有规律地出现便意感，能够及时如厕，轻松排出粪便，粪便成形、不干、不稀、不恶臭。每次排便时间不宜过长，不能在排便时看书、读报、玩手机等，这样会打乱排便的条件反射，长期如此会形成便秘。

2. 注意饮食保健，忌辛辣刺激食物

辣椒、烈酒等辛辣刺激之物会导致肠黏膜、肛管及痔黏膜水肿充血，不但容易引起腹泻，更容易导致肛管及痔黏膜充血糜烂，炎症刺激肛门排便反

射区，产生排不净的感觉，增加排便时间。排便时间增加便会加重充血、痔静脉曲张，从而形成恶性循环，再加上排便时局部压力较大，非常容易导致痔疮出血、脱出、水肿等发作。

3. 日常注意劳逸结合，避免过度劳累

平常生活要规律，早睡早起、少熬夜。过度劳累经常容易诱发痔疮脱出或者血栓，形成血栓性外痔或嵌顿痔。

4. 不久坐久立或长时间固定一种姿势，适当参加体育锻炼

比如平常工作没办法，要久站，中间站 1~2 小时要改变一下姿势，或者晃动一下改变一下，不要总是维持一个体位。适度的体育锻炼有益于血液循环，促进胃肠蠕动，改善血液循环，预防痔疮的发生。

5. 进行提肛运动

全身放松，或坐或立或卧均可，摒弃一切杂念，有意收缩肛门，缓慢上提，就像强忍大便一样，坚持 3~5 秒，如此反复数次至数十次不等，每天做两次。这项运动可随时随地进行，办公时、乘车时、看电视时、走路时、休息时都可做，效果很好，对女性盆底肌及男性前列腺均有好处。

6. 注意孕产期保健

妇女妊娠后，子宫膨大影响痔静脉回流，易诱发痔疮，且孕期一般活动较少，引起大便干燥而诱发痔疮产后大量血液流失，肠道干枯少津便干便秘，加重或诱发痔疮。因此孕期应适当增加活动，避免久坐久立，每次便后用温水熏洗肛门，改善血液循环，产后宜多食一些富含津汁食物，如蜂蜜等，防止大便干燥、便秘，引起痔疮。

7. 大便后要正确的擦拭肛门

通常我们在排便后肛门静脉处于曲张状态，黏膜外翻，此时如果用力擦拭非常容易将黏膜擦破，正确的方法是轻轻从前向后擦拭一次，再从后向前擦拭一次，然后轻轻托举肛门擦拭，这样对充血的肛门起到一个按摩作用，当然，有条件的用温水清洗或坐浴，现在好多家庭购买了自动清洗马桶，更有利于预防痔疮。

六、这样吃，不容易得痔疮

一日三餐到底应该怎样吃才能有效预防痔疮的发生呢？

首先是早餐。晚上的睡觉时间一般跨度为7~8小时，如此长时间的睡眠，没有水分、食物的摄入，其实身体已经相当于一个明显的失水情况，因此早上睡醒后，喝一大杯温开水，可以刺激胃肠蠕动，湿润肠道，软化大便，水的摄入增多，可以让大便变得更加松软，促进大便的排泄。喝水20分钟后再吃早餐，早餐不宜过于油腻，清淡为主，粗粮最好。

其次是午餐。午餐多吃蔬菜肉类，要以低盐、低油、低糖及高纤维的食物为主。纤维素含量高的食物主要包括红薯、土豆、芋头、南瓜等，还有一些绿叶蔬菜，水果等食物。这类食物中含有的膳食纤维可以增加粪便体积，刺激排便反射，有利于排便。

最后是晚餐。晚上活动量小，热量消耗少，肠胃蠕动减慢，饮食过量会引起便秘，便秘是痔疮常见病因之一，所以，晚餐要少吃，但是少吃不等于不吃。

七、这些方法，让痔疮不会找上门

1. 体育锻炼

体育锻炼疗法对痔疮有着一定的预防作用，下面是几种常见的体育锻炼疗法。

（1）提肛运动。提肛运动是指有规律地上提收缩肛门，然后放松，一提一松就是提肛运动。站、坐、行均可进行，全身放松，将臀部及大腿用力夹紧，配合吸气，舌舔上腭，同时肛门向上提收。像忍大便的样子，提肛后稍闭一下气不呼，然后配合呼气，全身放松。每日早晚两次，每次做30下。提肛运动可以促进局部血液循环，预防痔疮等肛周疾病。

（2）骨盆运动。仰卧屈膝，使脚跟靠近臀部，两手放在头下，以脚掌和肩部作支点，将骨盆抬起，同时提收肛门，放松时骨盆下放。熟练后，也可配合呼吸，提肛时吸气，放松时呼气。此法每日可坚持做1~3次，每次20下。

（3）旋腹运动。仰卧，两腿自然伸展，以气海穴（脐下一寸处）为中心，用手掌做旋转运动；逆时针旋转20~30次，顺时针旋转20~30次，先逆时针旋转后顺时针旋转。

（4）交叉起坐运动。两腿交叉，坐在床边或椅子上，全身放松；两腿保持交叉站立，同时收臀夹腿，提肛；坐下还原时全身放松，这样连续做10~30次。

（5）体前屈运动。两腿开立，两掌松握，自胸前两侧上提至乳处，同时反头挺胸吸气；气吸满后，上体成鞠躬样前屈，同时两拳变掌沿两腋旁向身体后下方插出，并随势做深吸气。如此连续5~6次。

（6）提重心运动。两腿并拢，两臂侧上举至头上方，同时脚跟提起，做深长吸气；两臂在体前自然落下，同时脚跟亦随之下落踏实，并做深长呼气，此势可连续作5~6次。

2. 预防便秘

便秘是引起痔疮最常见的原因之一。便秘排便时间特别长，不但大便的粪块会压迫肛管直肠末端，引起静脉回流不畅，过度地用力排便更容易引起肛垫脱垂，加重静脉曲张和充血，日久便形成了痔疮。这种便秘可以通过调理饮食、口服润肠通便药、盆底生物反馈等方法改善排便困难症状。

3. 肛门冲洗

肛门冲洗是一种肛门保健方法，每次排便后都温水冲洗或熏洗肛门，既可以保持肛门清洁卫生，又能促进肛周血液循环，可以预防肛门周围疾病的发生，可以缓解痔疮症状。

4. 避免久坐久立

由于长时间保持坐姿而很少运动，会导致腹部血流速度减慢，下肢静脉血回流受阻，从而使直肠静脉丛发生曲张，血液淤积，这正是痔疮的发病因素。夏季，长期坐软椅不好，因为长期坐软椅会使肛门部位向下压迫，从而引发痔疮。因此大家在选择椅子时不要只求舒服，要以身体健康为重，同时久坐的话，尽量要活动一下，这样子才能够避免患上痔疮。

5. 注意孕产期保健

怀孕期间由于腹压增加，盆腔压力增大，肛周血液循环不畅，容易导致痔疮的发生，如有孕前就有痔疮，怀孕期间容易加重。

6. 及时用药

对于轻微的痔疮，一定要到正规医院进行诊治，初期药物对症治疗，养成良好排便习惯，忌食辛辣刺激食物，防止痔疮进行性加重。

八、痔疮的治疗

痔疮的治疗一般分为药物保守治疗和手术治疗。药物治疗应根据痔疮的分类和具体出现的症状分别施治。

1. 保守治疗

（1）便血：便血是内痔和混合痔最常见的症状，轻者会周期性发作，重者则连续出血，如果是喷射状出血 ，10 天左右就可能导致贫血。所以一旦出现便血应及时治疗。

（2）脱垂：内痔或混合痔一旦出现脱垂，原则上讲应该手术治疗。对于不愿意手术或因身体原因不允许手术的患者，可以口服补中益气汤、迈之灵片等，同时可使用五倍子、乌梅、芒硝、荆芥等各 10 克煎汤坐浴熏洗，坐浴后涂抹痔疮膏。

（3）疼痛：口服迈之灵片或地奥司明片等消肿止痛药。同时，可中药坐浴。五倍子 15 克、苦参 30 克、黄檗 30 克、芒硝 15 克、防风 15 克、赤芍 15 克、生甘草 10 克，水煎坐浴，每次 15 分钟 ，每天 2 次，或外涂金黄膏，或用活血止痛散加蜂蜜调成糊状外敷。

（4）潮湿瘙痒：口服二妙丸、湿毒清胶囊。中药坐浴。用祛湿止痒洗剂：马齿苋 30 克、苦参 30 克、黄檗 30 克、防风 10 克、白鲜皮 15 克、花椒 10 克，水煎外洗，每次 10 分钟，每天 2 次。

2. 手术治疗

如长期使用药物保守治疗症状未缓解，疼痛、出血、脱垂症状加重者，则需要考虑外科手术治疗。

手术方式目前常见的有以下几种：

（1）注射疗法：就是通常所说的“打针治疗痔疮”，又称硬化剂疗法。

（2）结扎：由于内痔生长在直肠腔内，痔疮内血管丰富，直接切除不易止血。所以人们想出了用线结扎痔疮，来阻断血液供应，达到治愈的目的。

（3）套扎：一定程度上仍属于结扎的范畴，但是套扎是借助专门的设备和器材，操作方便，一个人就可以完成手术操作。目前有胶圈套扎、弹力线套扎等不同的方式。

对于外痔，目前仍是以切除为主，可缝合或不缝合。

能够通过改善饮食控制痔疮症状，就不需要用药，可以通过用药控制痔疮的症状，就不需要手术治疗。

九、清洗“菊花”，预防痔疮最有效

清洗“菊花”，是预防痔疮及肛周常见疾病非常有效的方法，不但可以清除肛门部位的粪便和污物，还能通过温水放松局部括约肌，促进局部静脉血液循环，减少静脉曲张的形成，从而达到预防痔疮的目的。广义的清洗的方法主要有以下三种。

1. 单纯清洗

如果在家排便后，可以把热水器的温度设置为38~40摄氏度，用花洒对着自己的“菊花”直接进行冲洗，使肛门部达到清洁的目的，减少细菌的局部感染。

2. 热敷

用50摄氏度的温开水，用专用的毛巾浸湿后稍微拧干，放到“菊花”进行热敷，靠局部的热敷作用促进局部的血液循环，当肛门部感觉到毛巾的温度偏低时，应该重复上述过程，大约持续约10分钟即可。

3. 坐浴

坐浴可起到预防痔疮的作用，也可作为痔疮术后促进创面愈合的一种方法。自己可以坐到熏洗的专用椅上，座椅下的水盆中加入1000~1500毫升的温开水，水温在40摄氏度左右，以感觉到水温不烫手的程度为宜，时间为10~20分钟。也可在1000毫升的温水中加入约9克食盐，搅拌溶解后坐浴。坐浴是清洁肛门、促进肛门部创面愈合、防止感染、促进肛门直肠和盆腔的有效方法。

需要提醒的是，**清洗“菊花”只要清水就可以，温水为宜，并不需要其他**

的清洗剂，毕竟“菊花”也是经不起任何的折腾，也可以在相关医生的指导之下使用相应的药水清洗或者是进行中药坐浴。清洗的时候只需要将外面的皮肤清洗干净即可，不必进行肛门深部清洗，深部清洗很容易损伤直肠的黏膜。

十、这些东西“菊花”最讨厌，平时要远离

1. 酒精

（1）大量饮酒会导致人体的一些脏器功能损伤，人体的生物钟会被打乱，会使人的身体失去平衡，身体免疫力不断降低，疾病很容易滋生，包括痔疮。

（2）得了痔疮，正常情况下，过量的饮酒会导致痔疮发作。也有资料显示，人们长期大量饮酒发生痔疮的概率是适量的饮酒或者不饮酒人群的五到六倍之多。

2. 辣椒等辛辣及油腻食物

辣椒中含有一种辣味成分叫“辣椒素”，它不会被人体消化吸收，而是直接排出体外。因此，人的肛门也会和口腔及消化道一样，会受到辣椒素的刺激。辣椒素一方面可以开放痔血管通道造成局部充血加重，另一方面还有促排汗、升高体温、刺激肠黏膜作用。如果长期或大量摄入辣椒，就会诱发痔疮，或导致痔加重。

3. 变质食物、泻药

饮食变质食物、服用泻药引起腹泻后有时会引发痔疮的发病。

（1）腹泻使腹压增高，肛门直肠充血，直肠静脉曲张，肛门括约肌松弛而引起痔疮。

（2）腹泻时，会有少量粪便从乙状结肠流到直肠，排便次数就变多，因其所含的不消化物会刺激直肠壁，使患者总有排便感、便不尽感，因为便意频繁，导致肛门括约肌产生的紧张不断地提升，排便后也不易弛缓，时间一长，可使直肠黏膜与肌层分离、断裂而形成痔疮。

（3）长期腹泻，直肠存在炎症，也会涉及肛隐窝而发生肛窦炎、肛腺感染及肛门直肠周围炎或脓肿等，可引起直肠下部周围组织发炎，痔静脉丛发生静脉周围炎、静脉炎，导致血管管壁脆化，继发血管扩张充血，引起或加重痔疮。

运动疗法

一、颈椎保健疗法

随着人们生活水平的提高，生活方式和工作方式也和以前大不相同，尤其过度使用电子产品使得青少年、青年、中年、中老年的同志们遭受颈椎病的折磨。

健康管理直播课——动出“肩”康

您的颈椎还好吗?

为了预防和治疗颈椎病，平时应注意改善不良的体态，加强锻炼，多做运动可以防治颈椎病，或是延缓颈椎病的发展。下面的颈椎保健疗法供大家参考。

1. 拉伸胸小肌

身体与墙角的一面站齐，屈肘 90° 扶墙，同侧的腿向前弓步，身体微微前倾并向对侧旋转身体感受到同侧的胸部有拉伸感即可，20 秒为一组，每次 3~5 组。

胸小肌拉伸

2.“W”形肩胛骨回缩运动

双手握拳大拇指向后，手臂抬起与头颈部形成“W”形状，在此基础上缓慢做扩胸运动（“W”形肩胛骨回缩运动），20 个为一组，每次 3~5 组。

“W”形肩胛骨回缩运动

3. 双手过头交叉运动

双手举过头顶，手心朝上相互交叉，双手向身体两侧缓慢下落至肩部水平停止，再回到初始位置为一次，感受到颈后和背部肌肉发力发酸为宜。20个为一组，每次3~5组。

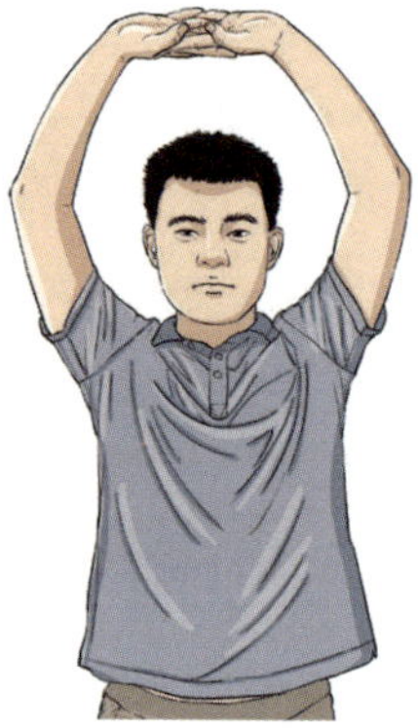

双手过头交叉运动 1

双手过头交叉运动 2

4. 弹力带颈后对抗运动

身体站在墙根，身体贴墙，头部贴墙，弹力带套在脑后耳朵上方，双手分别握住两端，手臂缓慢伸直，头部后伸，贴墙感受颈部后侧肌肉在发力即可，1分钟为一组，每次3~5组。

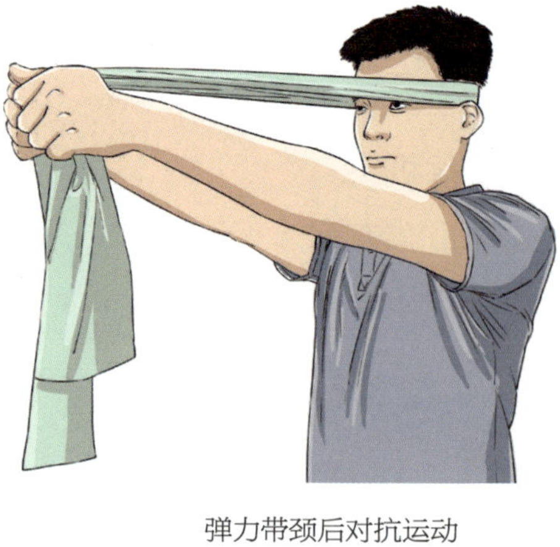

弹力带颈后对抗运动

5. 颈后肌群放松训练

四指并拢，指腹放于颈后肌肉缓慢地进行按揉放松，左右交替进行，30秒为一组，左右各3~5组。

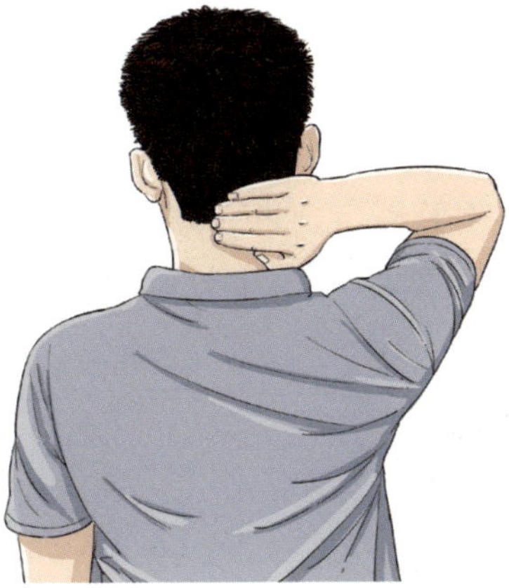

颈后肌群放松训练

6. 宽俯卧撑静态训练

双手撑开宽于肩，手掌朝前，屈肘屈臂，使肩胛骨夹在一起呈俯卧撑状态，保持不动，10秒为一组，每次3~5组。

宽俯卧撑静态训练 1

宽俯卧撑静态训练 2

二、颈型颈椎病的运动疗法

颈型颈椎病的运动疗法

颈型颈椎病是因为颈椎间盘退行性改变引起颈椎局部或反射性地引起头、颈、肩部头痛，患者自觉头颈部沉重不适，多见于青壮年，发病率10%，男女之比为6 ∶ 1。

出现进行颈椎病是平时颈部功能活动不足，长期头处于向一侧旋转的姿势，而对侧的肌肉处于紧张缩短的状态，导致颈部疲劳，根据症状，我们只要恢复颈部功能活动，放松紧张肌肉，锻炼疲软肌肉，纠正错误姿势，就可以缓解症状。

1. 颈椎活动范围训练

中立位，颈肩放松，双手自然下垂，颈椎依次进行前屈、后伸、左右侧屈、左右旋转活动，每个动作慢慢达到最大幅度，尽力保持 5 秒后返回中立位，每个动作做 10 到 20 次为一组，每天进行多组练习。

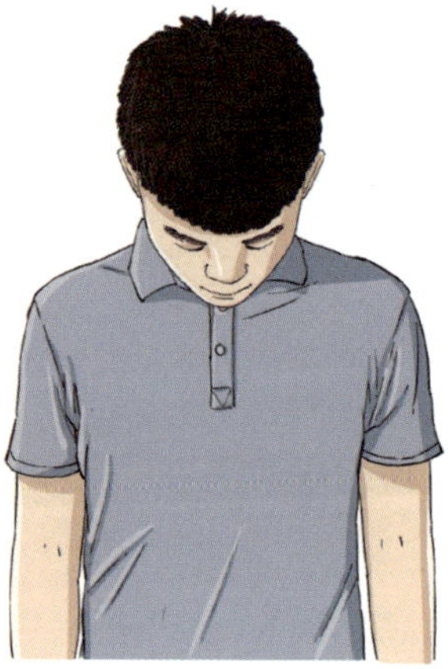

颈椎活动范围训练 1

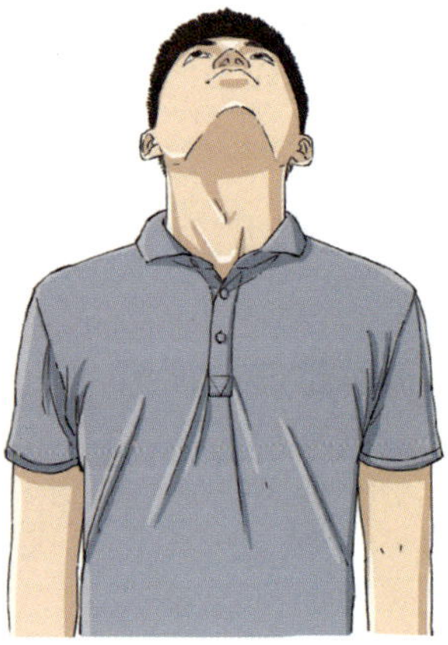

颈椎活动范围训练 2

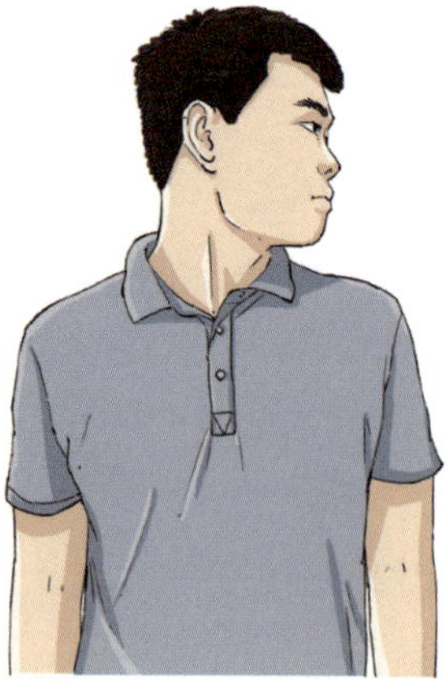

颈椎活动范围训练 3

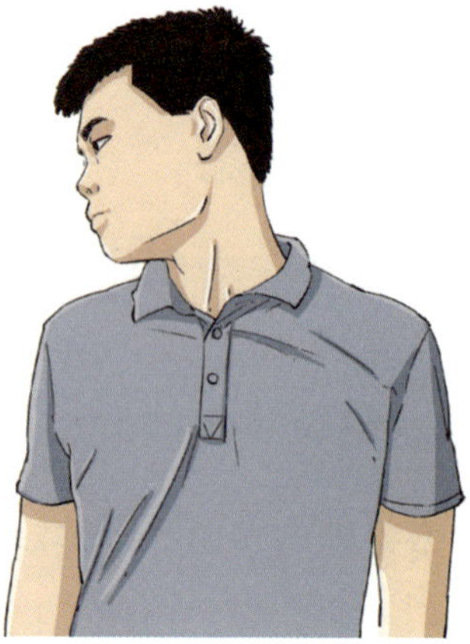

颈椎活动范围训练 4

颈椎活动范围训练 5

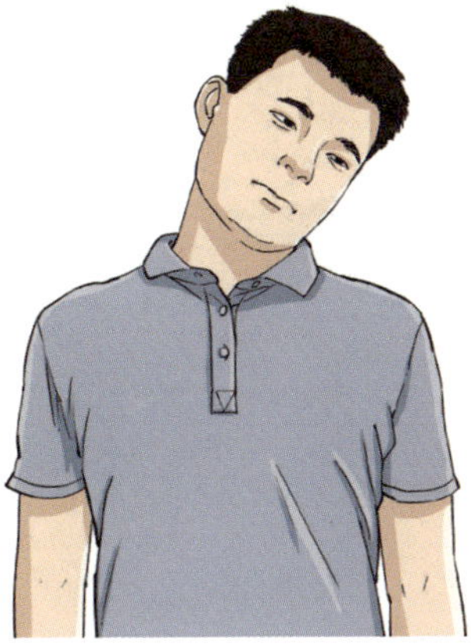
颈椎活动范围训练 6

2. 等长收缩训练

坐位或站立位，放松颈部，通过手施加向前、向后、向左、向右的阻力，颈部保持中立位不动，保持 5 到 10 秒，10 到 20 次为一组，每天进行多组练习。

等长收缩训练 1

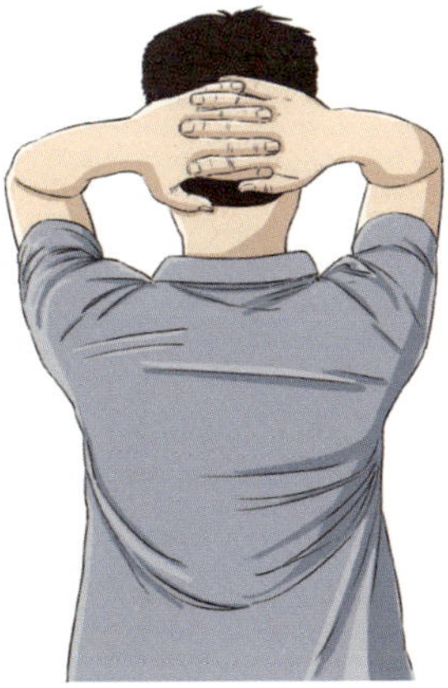
等长收缩训练 2

等长收缩训练 3

等长收缩训练 4

3. 后缩下巴训练

站立位，目视前方，让头缓慢水平向后移动，注意不要低头，使下巴渐渐向胸部靠近，出现双下巴，直到感觉背部有肌肉牵拉感保持 10 秒，10 到 20 个为一组，每天训练 3 组。

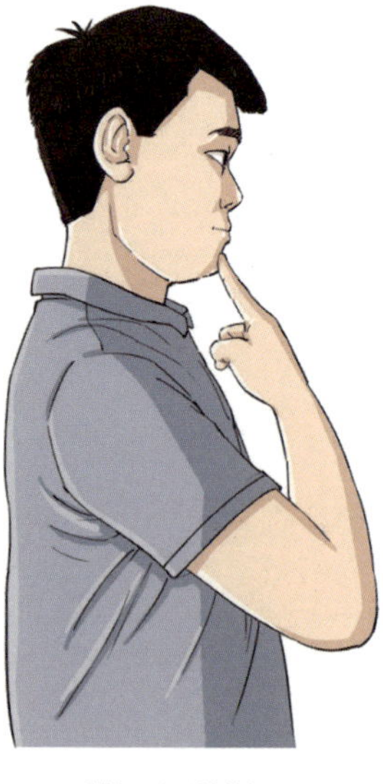
后缩下巴训练

4. 深层颈部肌力训练

双手握住弹力带，从头后绕过，头部向后用力，与向前拉的力量做对抗，10 到 20 个为一组练习，感到肌肉有酸胀感即可，保持节奏，注意要紧握弹力带，防止脱离弹伤眼睛。

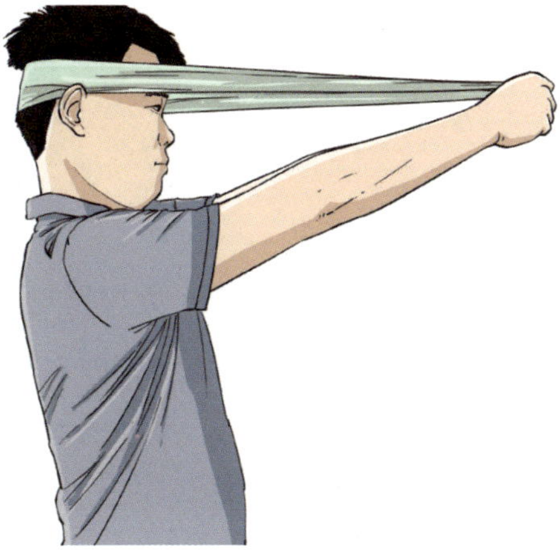

深层颈部肌力训练

三、肱骨外上髁炎的运动疗法

肱骨外上髁炎又称为“网球肘”，是肘关节常见疾病之一，常表现为肘关节外侧的疼痛，多见于 30~50 岁人群。主要由于外伤、长期前臂过度旋前或旋后导致的前臂部分肌肉与肱骨外上髁连接处的无菌性、慢性损伤性疾病，网球、乒乓球运动员，厨师，画家，文字工作者等职业好发此病。

肱骨外上髁炎（网球肘）的运动疗法

肱骨外上髁炎的治疗以保守治疗为主，主要通过制动休息、药物治疗、超声波治疗，以及科学有效的运动疗法进行缓解症状。

以下几个训练动作让您摆脱“网球肘”：

1. 反向腕关节背伸运动

站立位，身体一侧靠于床边，手掌贴于床面，肘关节伸直，感觉手臂有牵拉感即可。一次保持 15 秒，做 3 组。

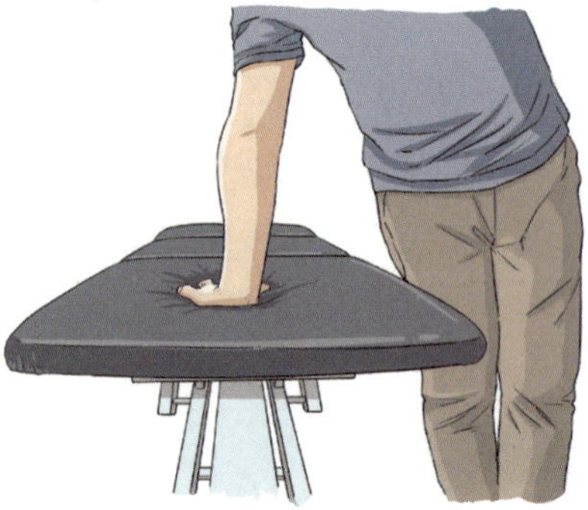

反向腕关节背伸运动

2. 正、反向腕关节负重屈伸运动

坐位，手臂放于台面上，手握一重物，重物重量在可承受范围内，然后做屈腕动作，同样方法再做伸腕动作，每个动作做 20 次，做 3 组。

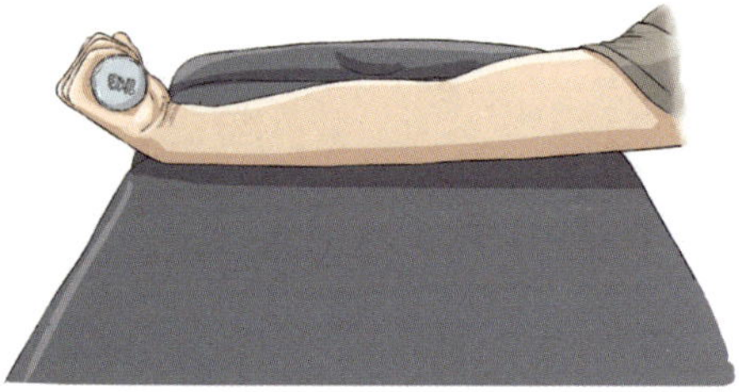

正向腕关节负重屈伸运动 1

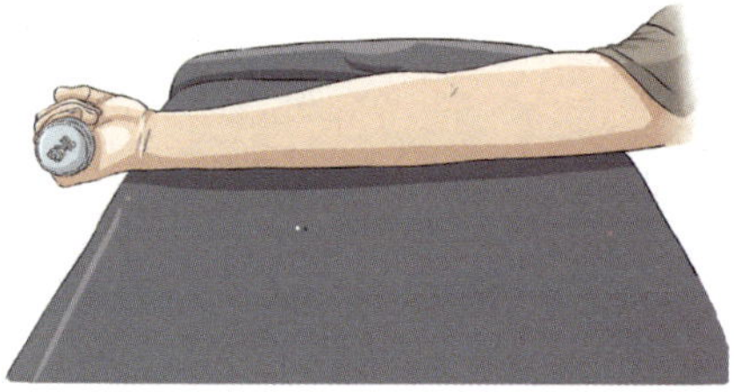

正向腕关节负重屈伸运动 2

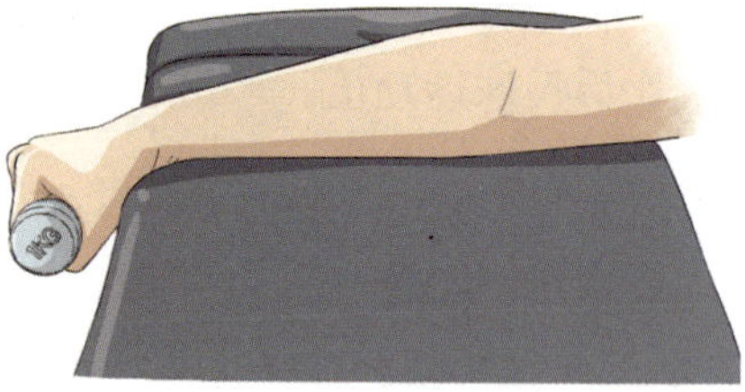

反向腕关节负重屈伸运动 1

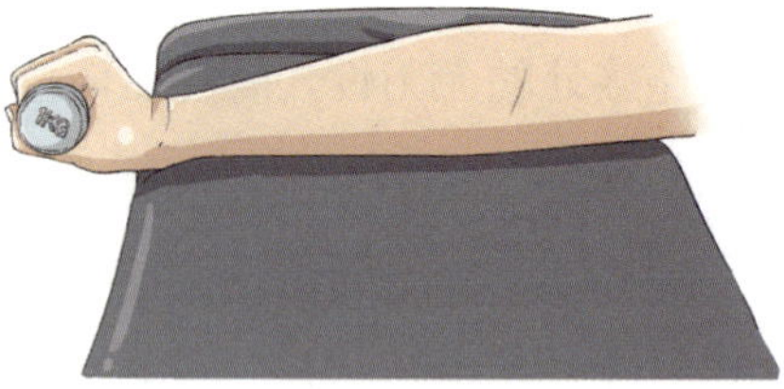

反向腕关节负重屈伸运动 2

3. 前臂旋转运动

坐位，手臂放于台面上，手握一重物，重物重量在可承受范围内，长度在 50 厘米左右，然后做旋转动作，一组做 20 次，做 3 组。

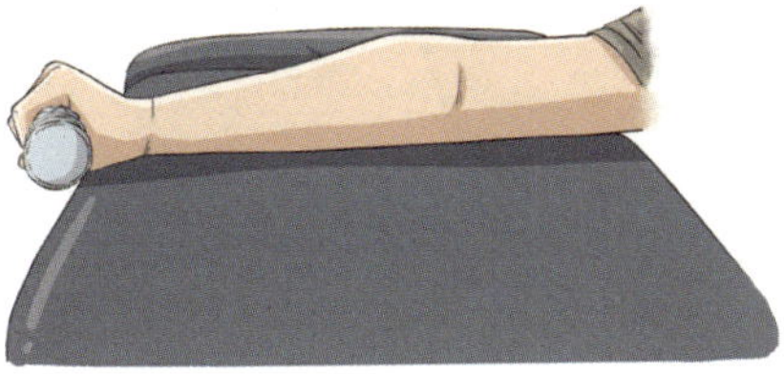

前臂旋转运动 1

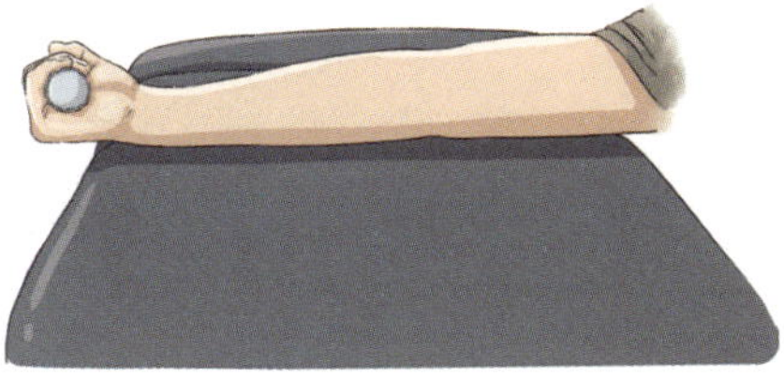

前臂旋转运动 2

四、腰椎间盘突出症的日常预防和治疗

大多数腰椎间盘突出症患者可以经非手术治疗缓解或治愈。其治疗原理并非将退变突出的椎间盘组织回复原位，而是改变椎间盘组织与受压神经根的相对位置或部分回纳，减轻对神经根的压迫，松解神经根的粘连，消除神经根的炎症，从而缓解症状。如果经过严格的保守治疗效果不明显者，可考虑手术治疗。

对于腰椎间盘突出症的保守治疗，主要通过运动康复、牵引、针灸、中药熏蒸治疗。常见的运动康复动作如下：

下腰背痛的核心稳定训练

科学的运动“腰”您健康

1. 抱膝滚动

仰卧位，屈膝屈髋，双臂环抱住膝关节，十指交叉，依靠腹部肌肉发力向下蹬，使后背滚动得到放松，每组 20 个，可进行 2~3 组。

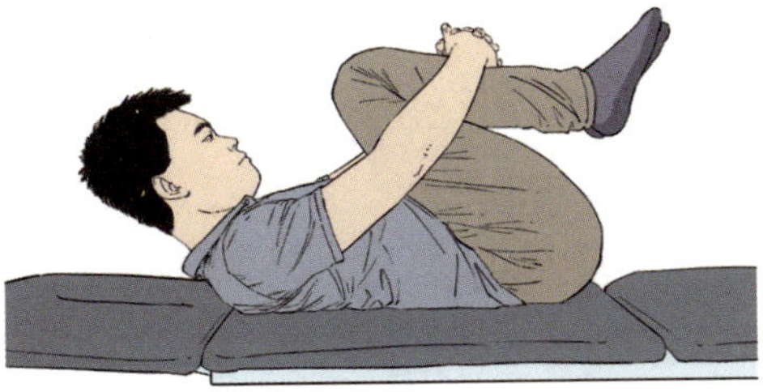

抱膝滚动 1

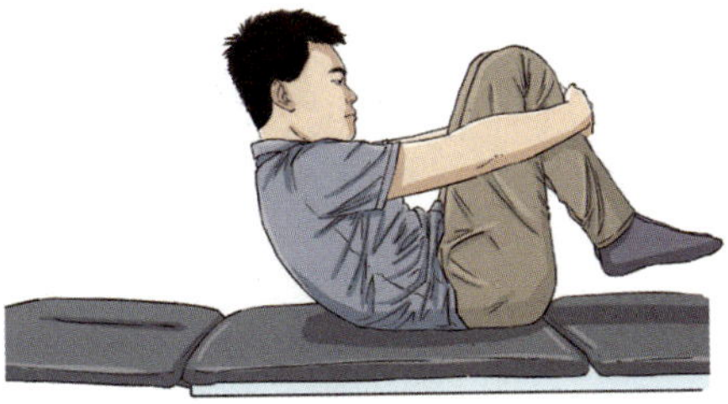

抱膝滚动 2

2. 腹横肌激活

仰卧位，屈膝屈髋 90°，依靠腹部肌肉发力将上部躯干抬起，注意呼吸，每组 30 秒，进行 2 到 3 组。

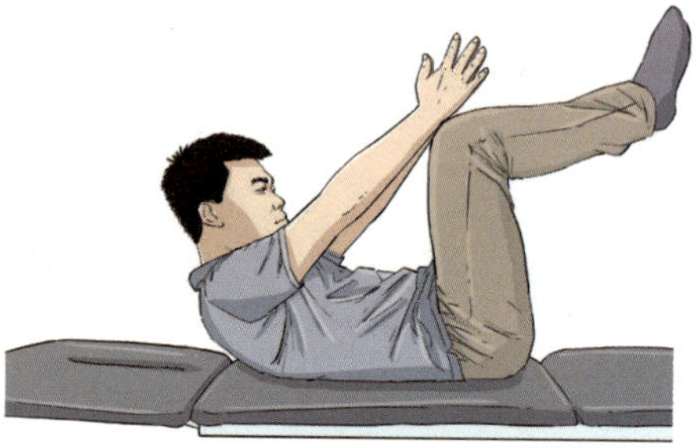

腹横肌激活

3. 平板支撑

俯卧位，曲臂 90°，躯干和下肢伸直，肘部支撑抬起躯干，腹部收紧，每组进行 60 秒，可进行 2 到 3 组。

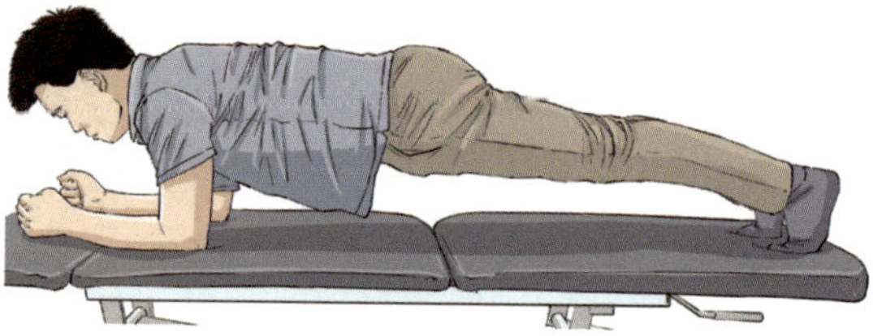

平板支撑

4. 三夹训练

俯卧位，肩胛骨、臀部、脚后跟依次发力夹紧，腰部臀部发力将上肢和下肢抬起，每组进行 60 秒，可进行 2 到 3 组。

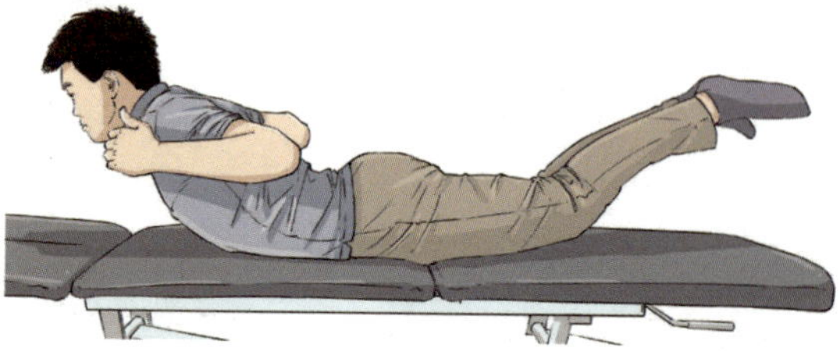

三夹训练

5. 臀桥

仰卧位，屈膝后将双足放于床面，臀部发力并抬起，每组进行 20 个，可进行 2 到 3 组。

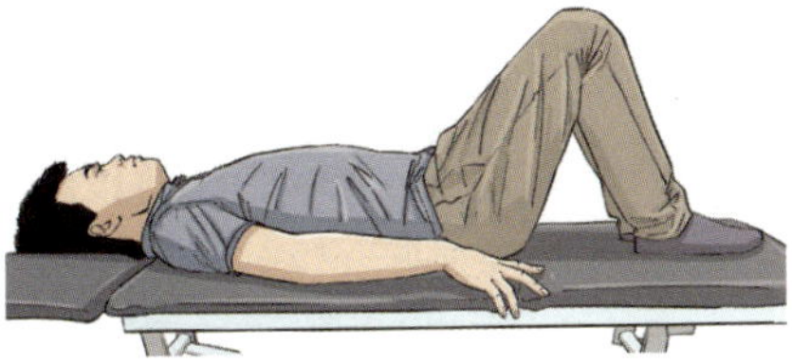

臀桥 1

臀桥 2

6. 猫式驼式

双膝跪位，手臂伸直，腰部向上伸展，向下屈曲，该动作可以锻炼腰椎的灵活性，每次进行 20 个，可进行 2 到 3 组。

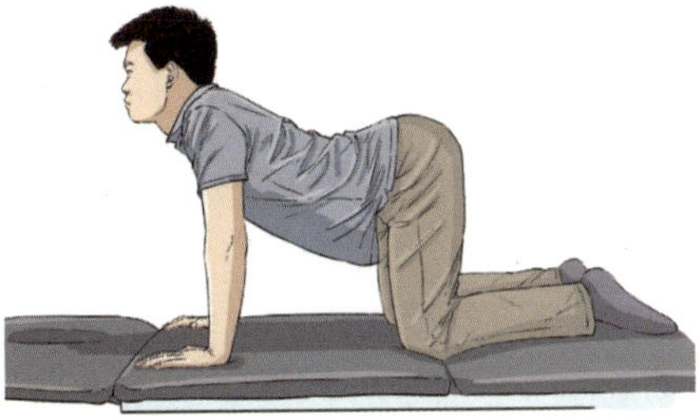

猫式驼式 1

猫式驼式 2

7. 梨状肌拉伸

仰卧位，将一侧屈膝搭于另一侧膝盖上，然后屈膝屈髋向上抬起，可用双手抱于腘窝下加强拉伸效果，每次拉伸 20 秒，可进行 2 到 3 组。

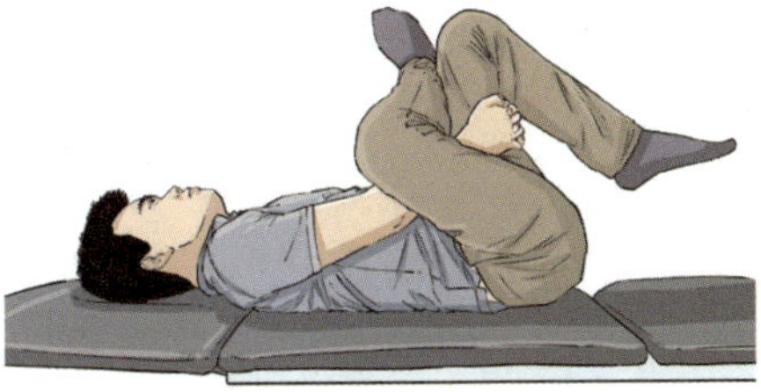

梨状肌拉伸

以上 7 个动作，既可以控制腰椎间盘突出症引起的腰背部、下肢不适，而且还具有预防腰椎间盘突出症的作用。

五、膝关节保健操

膝关节是人体最复杂的关节，也是人体的承重关节。尤其是在某些特定的动作，如下蹲、上下楼梯、跪坐等，膝关节承受的负荷是身体重量的几倍。由于年龄、肥胖、劳损、关节力学改变等原因造成关节软骨变性或破坏形成膝关节炎。

科学运动让您“膝”笑颜开

膝关节病预防、治疗、康复一体化

而肌肉在关节的生物力学方面发挥着重要作用，它能产生运动、吸收负荷、提高关节的稳定性，同时也参与关节的适应及退化过程。一旦膝关节周围的力量下降，肌肉对关节的保护功能减少，压力引起关节软骨的微小损伤，就会造成膝关节炎。科学运动防控慢病，精准运动防病治病，六个动作让你远离“膝关节炎”。

1. 靠墙静蹲

双脚与肩同宽，背部靠墙，屈膝屈髋，膝关节不要内扣，保持大腿前方肌肉静力性收缩，一次坚持 1 分钟，重复 6 到 8 次。

靠墙静蹲

2. 股四头肌拉伸

立于墙旁，一侧下肢向后屈膝，大腿小腿折叠，同侧手抓脚踝将大腿向后拉伸。另一手扶墙面，保持身体稳定。保持 15~20 秒，然后交换另一侧腿。重复 2 到 3 次。

股四头肌拉伸

3. 腘绳肌拉伸

准备一把椅子，伸直膝关节将一侧下肢放于椅子上，然后保持躯干正直，将腹部向大腿面靠近，感受大腿后侧肌肉的拉伸，保持 15~20 秒。然后交换另一侧腿。重复 2 到 3 次。

腘绳肌拉伸

4. 内收肌拉伸

自然站立，双脚与肩同宽。然后将一侧的髋关节外展延伸，另一侧下肢下蹲。感觉外展侧大腿内侧有拉伸感为度，保持 15~20 秒。然后交换另一侧腿。重复 2~3 次。

内收肌拉伸

5. 臀部肌肉训练

平躺屈膝屈髋，双手自然放置身体两侧，然后臀部肌肉发力使身体向上运动，远离地面，直到髋部和身体呈一条直线。然后缓慢放下，每组 10~12 次，每天 5~7 组。

臀桥 1

臀桥 2

6. 弓步蹲

双手置于髋关节上，一侧下肢屈膝向前弓步，身体下降，直到大腿平行地面。然后伸膝伸髋，身体升高。另一侧腿重复此动作，同时向前移动。左右腿各弓步 8 次为一组，每天 4~5 组。

弓步蹲

六、足底筋膜炎的运动疗法

足底筋膜炎的运动疗法

足底筋膜炎是因为足底筋膜组织及其止点受到多次反复的超负荷牵拉，使足底筋膜和肌肉长期处于高负荷的功能工作状态，发生慢性无菌性炎症。常见病因有行走不当、姿态异常、下肢力线异常、足弓异常、肌腱过短、长跑、久站、肥胖、内分泌因素。教师因为工作原因上课时久站，加上运动方式不正确就出现了足底筋膜炎。按压足底靠近足跟处及足底内侧，有明显压痛，这是足底筋膜最容易损伤的部位。

足底筋膜炎的治疗主要以运动训练为主。

1. 小腿三头肌拉伸

站立位，找一面墙或是一阶台阶，脚尖向上勾起，脚后跟贴于地面，身体向前移动，注意腰臀部不要向后，感觉小腿后侧有牵拉感即可，一次保持 20 秒，做 3 组。

小腿三头肌拉伸

2. 胫骨前肌训练

仰卧位，弹力带一端固定，另一端放于脚背处，让弹力带有紧绷感，然后脚尖向上勾，感觉小腿前侧有发力感即可，一组做 20 次，做 3 组。

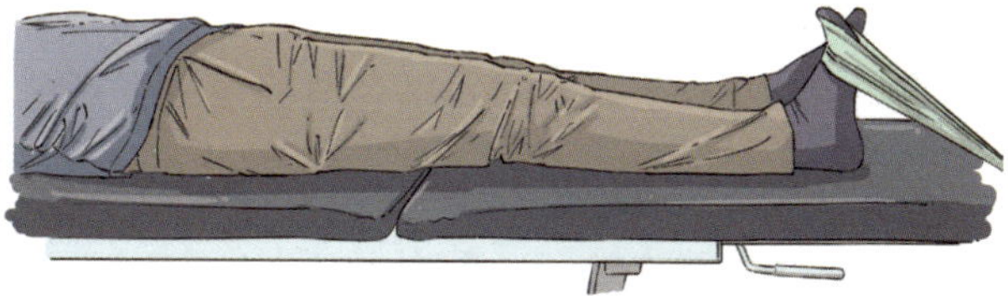

胫骨前肌训练

3. 胫骨后肌训练

仰卧位，弹力带一端用手固定，另一端放于足底脚尖处，让弹力带有紧绷感，然后脚尖向下踩，感觉小腿后侧有发力感即可，一组做 20 次，做 3 组。

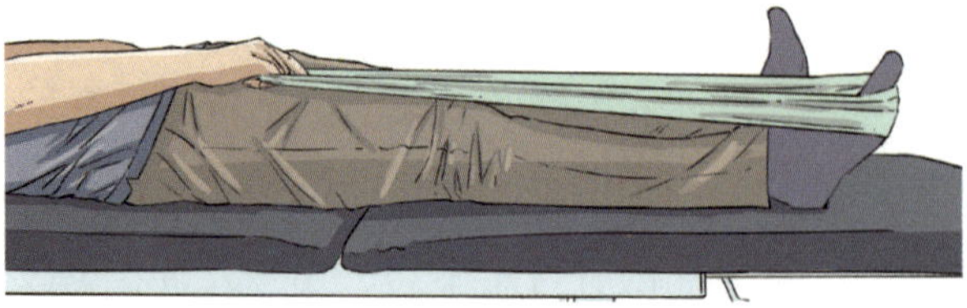

胫骨后肌训练

4. 足底筋膜放松

榴莲半球放于地面，两只脚踩上，双脚轮流抬起，抬起过程中保持身体稳定平衡，注意不要摔倒，左右交替，20次为一组，做3组。

足底筋膜放松

5. 本体感觉训练

找一不稳定球面，一只脚站于球面上，另一侧腿抬起，尽量保持身体稳定平衡，注意不要摔倒，保持15秒为一组，做3组。

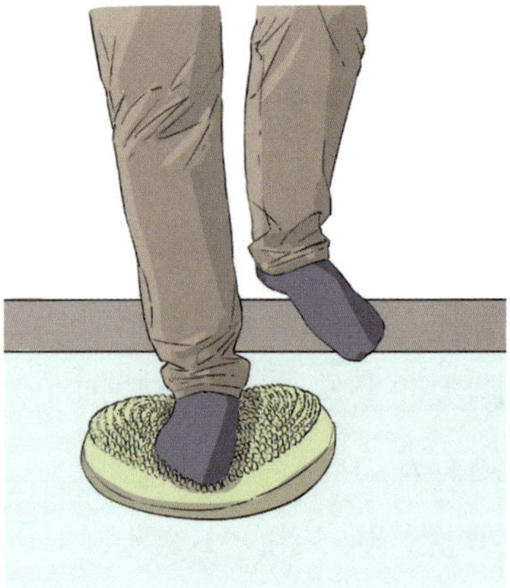

本体感觉训练

足底筋膜炎，因为久站，下肢后侧筋膜链紧张尤其是胫骨后肌腱、比目鱼肌、腓肠肌内外侧头紧张对足底筋膜牵拉是根本原因，运动方式错误造成胫骨前肌腱和股四头肌肌肉损伤、无力是诱因，两者结合造成足底平衡被打破而产生足底筋膜炎。治疗找准病因，把紧张痉挛的肌腱放松开、把力量薄弱的肌肉力量进行加强、局部冲击波治疗最终使足底筋膜处平衡恢复、炎症吸收，症状也就消除了。

如何健康科学地运动

常见运动损伤的预防和治疗